Dick Kenny

YACHT-SEGEL
Wirkung · Schnitt · Trimm

Delius Klasing Verlag

Titel der englischen Ausgabe
THIS IS LOOKING AT SAILS

**Aus dem Englischen von
Jürgen Hassel**

ISBN 3-7688-0602-2

© United Nautical Publishers, Basel

Die Rechte für die deutsche Ausgabe liegen beim
Verlag Delius, Klasing & Co, Bielefeld
Lektorat: Ingeborg Eggert
Umschlagfoto: Rick Tomlinson PPL
Printed in Italy 1988 by GEP, Cremona

Inhalt

Vorwort	7
Einführung	9
Die Theorie	17
Segeltuche	29
Herstellung der Segel	45
Das Großsegel	61
Die Vorsegel	87
Das Trimmen der Takelage	109
Das Trimmen der Segel	125
Spinnaker	137
Register	158

Vorwort

Seit Bruce Banks und ich 1978 gemeinsam das Buch LOOKING AT SAILS – deutscher Titel SEGELKUNDE – SEGELTRIMM – schrieben, hat es in der Entwicklung von Segeltuchen und -geweben, im Design und in der Herstellung von Segeln geradezu rasante Fortschritte gegeben. Leider kann Bruce darüber nicht mehr selbst berichten. Sein Einfluß auf das Buch war damals allumfassend, als Segler wie als großer Segelmacher. Ich half, soweit es in meinen Kräften stand, und verfolgte mit Bewunderung, wie das Werk Gestalt annahm.

Ein Versuch, ohne Bruce mit seiner einzigartigen Begabung und Erfahrung das Buch von damals auf den heutigen Stand zu bringen, erschien mir daher eine höchst undankbare Aufgabe. Wir wagten also einen neuen Anfang. Diesmal sollte ein Experten-Team sich an die Arbeit machen. Ich bat die besten verfügbaren Spezialisten um ihre Unterstützung in den einzelnen Bereichen. Das erbrachte faszinierende Erfahrungen.

Mein Dank an dieser Stelle gilt Dr. John Wellicome von der Universität Southampton für die Geduld, mit der er uns Einblicke in die Mysterien von Hydro- und Aerodynamik vermittelte; Mike Sandman, John Sparkman jr. und Mark Spruce bei Bainbridge, die mit solcher Begeisterung ihr Wissen um Segel-Design und -Herstellung einbrachten; Peter Kay bei North Sails und Bill Rogers bei Sobstad, die mir halfen, die so schnell sich wandelnde Welt des Segel-Designs besser zu verstehen.

Bryan Axford und Bob Lankester in der Segelmacherei von Hood opferten wertvolle Zeit und stellten Schnürböden zur Verfügung, genauso großzügig wie seinerzeit Ken Rose bei den Arbeiten für unser erstes Buch, und Bruces Sohn David, heute Chef der Firma Banks.

Tich und Tony Blachford danke ich besonders für den Tag, an dem sie uns mit ihrer Yacht *Smokey III* zur Verfügung standen, aber auch Blake Simms für *Hurricane Tree*, Roger Eglin für *Fruesli II* und der Besatzung meiner eigenen *Red Otter*, die beim Fotografieren half.

Es ist keine leichte Aufgabe, Segel vor dem Hintergrund ständig wechselnder Himmelsstimmungen zu fotografieren, doch Dave Blunden leistete hervorragende Arbeit. Fast alle Bilder vom Rigg und viele Bootsaufnahmen auf den folgenden Seiten stammen von ihm. Ergänzt werden sie durch einige besonders schöne Fotos von anderen Segelrevieren rund um den Globus, die aus dem Archiv der Barry Pickthall Picture Library (PPL), von Colloryan und North Sails Inc. mit freundlicher Genehmigung von Dave Delembar stammen.

Das Gesamt-Layout und alle Zeichnungen verdanken wir Peter Campbell, dem Rob Burt zur Seite stand. Sie haben mir auch meine Arbeit sehr erleichtert, ebenso wie Diana Hirst, der ich besonderen Dank schulde dafür, daß sie kaum zu entzifferndes Gekritzel so geduldig in makellose Reinschrift verwandelte.

Das Ergebnis unserer Bemühungen widmen wir dem Andenken von Bruce Banks.

D.K.
Maidenhead, 1987

Einführung

„Allein die Segel treiben ein Boot vorwärts; alles andere bremst es nur." Ein Physiker wird diese simple Feststellung des Segelmachers Bruce Banks gewiß ergänzen und präzisieren wollen. Doch für die meisten Segler drückt sie schon das Wesentliche aus.

Ein Nichtsegler, der ohnehin nicht begreifen kann, warum ein Boot auch weitgehend gegen den Wind segeln kann oder warum das eine Boot mit achterlichem Wind schneller als ein anderes segelt, macht sich die Antwort meist sehr leicht: Man biete einem ausreichend starken Wind eine größtmögliche Angriffsfläche; dann wird er ein Boot vor sich hertreiben — wenn er es nicht umwirft.

Jeder Segler weiß, daß mehr dahinter steckt. Die erste Regel, die er lernt, bevor er überhaupt in ein Boot steigt, lautet: Hole die Schoten dicht, und du kannst hoch am Wind segeln.

Bei vielen Seglern endet bereits mit dieser Grundregel die Kenntnis der Segeltechnik. Es interessiert sie nicht besonders, wie das Segel im einzelnen als „Windmotor" arbeitet.

Ausgesprochene Regattasegler andererseits verstehen durchaus, wie wichtig für sie das Spiel von Wind und Tuch in der Takelage ist. Ironischerweise machen gerade ihre Fragen deutlich, wie sehr es an absoluten Antworten mangelt. Der Fahrtensegler, der seine Segel so lange stehen läßt, wie sie einigermaßen ziehen, wird kaum über einer Analyse der Kräfte am Segel brüten, während im Westen allmählich die Sonne untergeht. Der Regattasegler aber begrüßt jede Überlegung, die sein Boot eventuell um einen zehntel Knoten schneller macht. Und doch führt bisher immer noch jedes bißchen Mehr an Verständnis zu einem Haufen neuer Fragen und Probleme. Selbst die Segelmacher, die Segel entwerfen und herstellen und daher am besten wissen, wie unser „Windmotor" arbeitet, geben zu, daß sie auf ihrem Weg von einfacher Handwerkskunst zur Wissenschaft noch längst nicht am Ziel sind.

Die Anfänge

Sich vorzustellen, wie etwas einst entstand, ist immer interessant. Fleisch und Kartoffeln beispielsweise schmecken uns im allgemeinen besser, wenn sie gekocht sind. Aber wer in aller Welt entdeckte denn wohl zuerst, daß Essen, das man ins Feuer wirft, später besser mundet?

Um das Segel zu erfinden, bedurfte es wahrscheinlich nicht einmal eines solch wesentlichen Gedankensprungs. Man stelle sich in grauer Vorzeit einen namenlosen, übermüdeten Fischer vor, der auf der Suche nach seinem Fang weiter als üblich auf die See hinaus gerudert ist. Jetzt zieht er seinen Fellumhang aus, befestigt eine Ecke an einem hochgehaltenen Paddel — und der Wind treibt ihn rechtzeitig zur Kaffeezeit nach Haus. Der Schritt vom Tierfell, das in seiner Größe beschränkt blieb, zur nächsten Stufe erforderte dann schon einen Durchbruch in der Materialentwicklung.

Er kam in Form des gewebten Tuchs. Aber auch die ersten Segel aus gewebtem Tuch dienten nur als Windfang auf Vorwindkursen. Zumindest bis zur Jahrtausendwende muß dies der Stand der Technik gewesen sein, denn aus Berichten wissen wir, daß man bis dahin nur mit Hilfe einiger hundert Rudersklaven ein Wasserfahrzeug gegen den Wind bewegen konnte.

Doch der Schlüssel zum Geheimnis war auch da schon vorhanden. Je größer die Segel wurden, um so mehr blähten sie sich durch den Druck des Windes auf. Ganz allmählich muß man begriffen haben, daß die Boote schneller wurden, wenn man das Segel quer zum Wind anstellte. Und schließlich kam man darauf, daß das Boot aller bekannten Logik widersprach und sogar gegen den Wind segelte, wenn man nur eine Kante des Segels weit genug nach vorn anstellte. Das Tragflügelprofil des Segels war entdeckt.

Frühe Rahsegel wurden nur vor dem Wind gesetzt. Foto: BLA Publishing Ltd

Foto: Colloryan

Das Bernoullische Gesetz

Im Jahre 1738 gelang dem Baseler Gelehrten Daniel Bernoulli die wissenschaftliche Erklärung dieser Erfahrung. Das von ihm entdeckte Naturgesetz lautet kurzgefaßt: In jedem fließenden Medium (dazu gehört auch Luft) ergeben Druck plus Geschwindigkeit eine Konstante. Wenn also eine Luftströmung schneller fließt, vermindert sich dementsprechend der Luftdruck. Fließt die Luft andererseits langsamer, erhöht sich der Luftdruck. Stellen wir uns hierzu den Wind als eine Reihe von parallelen Linien vor, in die wir einen starren Tragflügel mit einem Querschnitt hineinhalten, der ungefähr unserer Segelwölbung entspricht. An der Windanschnittkante muß sich die Windströmung teilen. Die an der gewölbten Kante entlangfließende Luft wird zwischen dem Hindernis (oder Tragflügel) und der ungestörten Luftströmung darüber zusammengedrückt. Durch diese Verengung des Strömungsquerschnitts erhöht sich (nach Venturis Gesetz) die Luftgeschwindigkeit, und gleichzeitig vermindert sich dabei die Luftdichte oder der Luftdruck. Mit anderen Worten: Es entsteht ein Teilvakuum, in das der Tragflügel hineingesaugt wird. Das ist die sehr vereinfachte Erklärung für den Begriff „Auftrieb".

Jeder kann einen solchen Versuch machen: Man nimmt einen Teelöffel leicht zwischen Daumen und Zeigefinger und hält ihn unter einen Wasserhahn – mit der gewölbten Seite zum Wasserstrahl. Sobald die gewölbte Löffelfläche die Wasserströmung berührt, spürt man plötzlich einen Stoß, weil der Löffel in die Wasserströmung gezogen wird. Für einen Leser, der wenig mit Wissenschaft zu tun hat, ist dieses Experiment vielleicht nicht allzu überzeugend. Doch der Auftrieb, der nach dem gleichen Gesetz

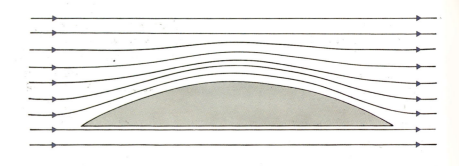

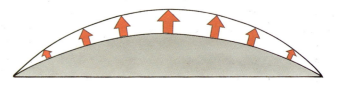

Eine schematische Darstellung, wie Auftrieb (rote Pfeile) über einer gewölbten Oberfläche erzeugt wird.

über einem Tragflügel erzeugt wird, ist immerhin groß genug, um einen 350 Tonnen schweren Jumbo-Jet am Himmel zu halten.

Dies sind freilich sehr simple Erklärungen für die Funktionsweise des Segels. Im zweiten Kapitel werden wir uns etwas eingehender mit der Entwicklung der Segel für eine moderne Yacht befassen.

Unterhalb der Wasserlinie

Wie dieser Auftrieb in eine Bewegung der Yacht nach Luv umgesetzt wird, kann nur verstanden werden, wenn man das Spiel der eben beschriebenen dynamischen Kräfte im fließenden Medium oberhalb und unterhalb der Wasserlinie betrachtet.

Sobald der gewölbte Rücken des Löffels das fließende Wasser berührt, wird er in die Strömung hineingezogen.

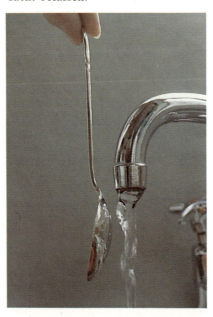

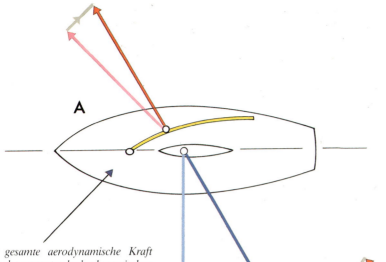

Wenn die gesamte aerodynamische Kraft (rot) gleich der gesamten hydrodynamischen Kraft (dunkelblau) ist, bewegt sich ein modernes Kielboot (A) mit konstanter Geschwindigkeit vorwärts. Die von den Segeln erzeugte Gesamtkraft ist eine Kombination aus Auftrieb (rosa) und Widerstand (grau). Unter Wasser machen die Seitenkraft des Kiels (hellblau) und der Widerstand (grau) die Gesamtkraft aus. Ein Boot mit weniger wirksamem Kiel (B) kann bei gleicher Geschwindigkeit nicht so hoch am Wind segeln.

Im frühen 19. Jahrhundert hatte das segelnde Kriegsschiff den Höhepunkt seiner Entwicklung erreicht – einer Entwicklung, die wenig später aber auch schon abbrach. 30 Jahre nach der Schlacht von Trafalgar (1805) wurden die gleichen Segelschiffe mit Dampfmaschinen ausgerüstet. Sie sahen zwar sehr majestätisch aus, gingen aber an den Wind wie lahme Enten. Die Ursache war unterhalb der Wasserlinie zu suchen, im Fehlen eines hydrodynamisch geformten Kiels, der die vom Wind erzeugten Segelkräfte aufnimmt, so daß die Segel gar nicht dicht genug geholt werden konnten, um ausreichenden Vortrieb zu erzeugen. Erst als gemäß Newtons Lehre, daß zu jeder physikalischen Wirkung eine gleiche, aber entgegengesetzt gerichtete Gegenwirkung gehört, ein solcher Kiel oder, besser noch, das hydrodynamisch geformte Unterwasserschiff entwickelt wurde, konnte man Segel wirklich dazu bringen, ein Schiff nach Luv zu treiben; dies war der Schritt vom Rah- zum Schratsegel.

Wenn sich eine moderne Yacht durch das Wasser bewegt, müssen die hydrodynamischen Kräfte am Kiel die aerodynamischen Kräfte, die von der Windenergie an den Segeln erzeugt werden, ausgleichen. In der Abbildung werden diese beiden Kräfte in je zwei Komponenten zerlegt: An der Kielflosse (oder dem Unterwasserschiff) besteht die Gesamtkraft aus einer Seitenkraft, die senkrecht zur Fahrtrichtung des Bootes wirkt, und dem Widerstand, der die Bewegung von Kiel und Bootsrumpf durch das Wasser hemmt. An dem für einen Amwindkurs dichtgeholten Segel kann die vom Wind erzeugte Gesamtkraft in den Auftrieb (senkrecht zur Windrichtung) und den Widerstand (parallel zur Windrichtung) zerlegt werden.

Hier nicht gezeigt, aber gleich wichtig sind die Kräfte, die am Segel für die Krängung auf diesem Amwindkurs sorgen, und die entsprechenden, entgegengesetzt gerichteten Kräfte am Kiel zum Aufrichten.

Deutlich wird dabei, daß ein Boot um so höher am Wind segeln kann, je wirksamer die Seitenkraft am Kiel im Verhältnis zu Rumpf- und Kielwiderstand ist – aber auch, daß ein Teil der erzeugten Windkraft in Widerstand umgewandelt wird. Das Verhältnis zwischen Auftrieb und Widerstand am Segel ist besonders wichtig für die richtige Ausnutzung der Segelkraft; wir werden später ausführlicher darauf eingehen.

Zuvor jedoch ein kurzes Wort zur Entwicklung der Segel bis heute: Die Dreiecksform des hochgetakelten Großsegels ist eine noch recht junge Weiterentwicklung der früheren Gaffelgroßsegel mit ihren Toppsegeln, die wiederum aus den Luggersegeln hervorgingen, die sich ihrerseits aus den Rahsegeln entwickelt hatten. Damit einher ging eine Verbesserung der Form des Unterwasserschiffs, die es erst erlaubte, die Segel immer mehr in Längsschiffsrichtung zu schoten und zu trimmen.

Segelkanten

Interessanterweise gehen die Bezeichnungen für die Segelkanten auf einer modernen Yacht teilweise noch auf die Namen zurück, die bereits auf den al-

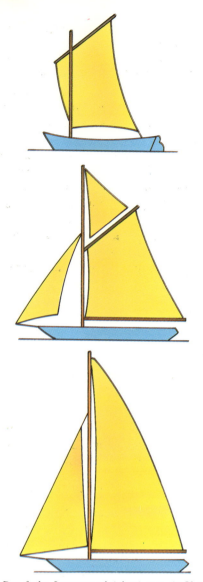

Das frühe Luggersegel (oben) war ein Vorläufer der Gaffeltakelung (Mitte), bei der ein zusätzliches Toppsegel gesetzt werden konnte. Daraus entwickelte sich die heutige Hochtakelung.

ten Rahseglern benutzt wurden. Wenn man damals zu kreuzen versuchte, brachte man eine Kante des Rahsegels zu einem hölzernen Umlenkblock nach vorn und holte die Schot an einer Halsklampe dicht. Der Bereich um den Umlenkblock wurde „das Luv" genannt. So kann man auf einer modernen Yacht immer noch von „Luv"-Liek sprechen, wenn auch die Bezeichnung Vorliek gebräuchlicher geworden ist.

Die entgegengesetzte Kante des Rahsegels auf der vom Wind abgewandten Seite ist das Leeliek, auf Yachten meist das Achterliek genannt, wegen der auf Kreuzkursen nahezu in Längsschiffsrichtung getrimmten Segel. Wenn ein Rahsegler wendete, wurde das Luvliek zum Leeliek und umgekehrt. Auf Yachten bleibt die Bezeichnung der Segelkanten auf allen Kursen konstant. Die untere Kante des Segels ist das Unterliek oder Fußliek, eine Bezeichnung, die keinerlei Geheimnis in sich birgt. An einem Baum gefahren, wird es als Baumliek bezeichnet.

Segelecken

Auch die Bezeichnung Kopf oder Segelkopf bedarf keiner Erklärung; früher wurde damit die gesamte Länge der Oberkante des Rahsegels bezeichnet (was bei Gaffelsegeln noch immer korrekt ist), während sie sich bei den modernen Yachtsegeln nur noch auf die obere Segelecke bezieht, an der Vor- und Achterliek zusammenlaufen. Die vordere, untere Ecke ist der Hals, der bei einem Vorsegel an dem entsprechenden Vorstagbeschlag, bei einem Großsegel am Lümmelbeschlag des Baumes angeschlagen wird. Die englische Bezeichnung für Segelhals, *tack*, was auch „Kreuz" oder „kreuzen" heißt, stammt noch von den alten Rahseglen und dort von dem Tau, mit dem beim Kreuzen jeweils eine Kante des Segels nach vorne und unten gehalten wurde.

Die hintere untere Ecke des Segels ist das Schothorn, doch greift die Schot nur bei Vorsegeln hier direkt an. Hält ein Baum das Unterliek eines Segels, kann man die Schotblöcke auch, von der Baumnock entfernt, im achteren Baumdrittel anbringen.

Vorsegel

Bevor wir die Vergangenheit verlassen, noch ein Wort zu den Vorsegeln. Sie spielen bei einem modernen Yachtrigg wohl die wichtigste Rolle, wenn ein Boot vorteilhaft aufkreuzen soll. Schon lange bevor man ihre aerodynamische Bedeutung richtig erkannte, waren Stagsegel ein wichtiger Bestandteil der großen Rahsegler und ihrer kleineren Schwesterfahrzeuge. Selbst wenn die Segler damals die Bedeutung dieser relativ kleinen Stagsegel für das Ausnutzen der Windkraft und damit einen zusätzlichen Fahrtgewinn wohl noch nicht voll erkannt hatten, wußten sie ihren Wert für sichere Seemannschaft doch sehr genau einzuschätzen, wie es bereits aus einem 1897 veröffentlichten Fachbuch hervorgeht:

„Auch wenn ein Vorsegel meistens klein ist und an seinem Klüverbaum weit vor dem eigentlichen Bootsrumpf arbeitet, spielt es beim Segeln doch eine wichtige Rolle: Es hält ein Boot kursstabil, hilft beim Drehen, wenn es wenden soll, bewahrt es davor, plötzlich in den Wind zu schießen, und dient dem Rudergänger als ein gutes Hilfsmittel, so dicht wie möglich am Wind zu segeln, weil es zu killen beginnt, wenn der Wind zu spitz einfällt." Das gilt heute noch wie vor einhundert Jahren.

Das Material

Wenn es denn tatsächlich so war, daß das Amwindsegeln sich aus dem in jedem gewebten Tuch vorgegebenen Reck entwickelt hat, so ist es eine Ironie des Schicksals, daß genau diese Eigenschaft des Tuchs allen Segelmachern seitdem die größten Probleme brachte. Dann liegt die Frage nahe, warum man nicht längst starre und stabilere Materialien zur Erzeugung des Vortriebs verwendet hat. Ein Flug-

Auf ihrer Jungfernfahrt kreuzt HMS Phaeton – die neueste Am-Wind-Technik des Jahres 1851 – hart am Wind vor HMS Arethusa.

zeugkonstrukteur hat es da besser: Er weiß schon im Planungsstadium sehr genau, welche Form sein Tragflügel erhalten muß, damit seine starre Form bei einer vorgegebenen Luftgeschwindigkeit einen ganz bestimmten Auftrieb erzeugt. Warum also nicht auch Segel aus Aluminiumblechen?

Die Antwort ist einfach: Für verschiedene Windgeschwindigkeiten und unterschiedliche Kurse zum Wind müßte jedes Boot Dutzende Starrsegel an Bord haben. Legt der Wind um ein paar Knoten zu oder geht das Boot höher an den Wind, müßte das eine Starrsegel abmontiert und ein neues befestigt werden – eine gar nicht zu bewältigende Arbeit, ganz zu schweigen vom mangelnden Platz für diesen Riesenhaufen bald verbeulten Blechs an Bord einer modernen Yacht.

Diese Vorstellung ist geradezu lächerlich. Doch Tuchsegel haben natürlich noch andere Vorteile.

Auf einem Segelboot muß man jedes zusätzliche Toppgewicht vermeiden. Es erhöht das Krängungsmoment und bringt die Gegenkräfte unter der Wasserlinie in Unordnung, so daß die ohnehin begrenzte Vortriebskraft noch weiter aufgezehrt wird. Zusätzliches Toppgewicht verstärkt auch das Stampfmoment in Längsschiffsrichtung, was wiederum zu einem schnellen Anwachsen des hydrodynamischen Widerstands führt.

Und außerdem – auch wenn es mancher kaum glauben mag – sind Tuchsegel billiger in der Anschaffung und in der Reparatur.

Vor allem aber sind sie sicherer. Bei auffrischendem Wind kann eine Genua gegen eine Fock ausgetauscht und diese dann gegen eine Sturmfock gewechselt werden, bis man auch die schließlich ganz wegnimmt. Mit Tuchsegeln riskiert man dabei selbst auf einem krängenden, rutschigen Vordeck nicht Kopf und Kragen. Ebenso kann man das Großsegel durch Reffen allen Windbedingungen anpassen – heute oft schon, ohne die sichere Plicht verlassen zu müssen.

Man versuche dagegen sich vorzustellen, wie alle diese Arbeiten mit starren Metallsegeln durchzuführen sind. Bei einer Reihe stark gesponserter Mehrrumpfboote hat man in den letzten Jahren mit drehbaren Profilmasten experimentiert, deren Fläche manchmal bis zu zwei Meter tief war, also bis dahin reichte, wo sonst das Achterliek des Großsegels steht. Mancher Mann an Bord hat sich bei stürmischen Winden schon sehnlichst gewünscht, diese Tragfläche vermindern zu können – und meistens kurz bevor wirklich ein Unglück geschah.

Die Fläche dieses Tragflügelmasts aus Metall ist ungefähr so groß wie die des gerefften Großsegels. In einer Bö kann der Tragflügel allerdings nicht weggenommen werden.

Stars and Stripes in Lee von Kookaburra. Beide Boote, in die auf der Suche nach höherer Geschwindigkeit Millionen von Dollar investiert wurden, kämpften im America's Cup 1987 gegeneinander.

Stillstand in der Entwicklung

Der Fortschritt bei Entwurf und Schnitt der Yachtsegel ist offensichtlich; dennoch ist ein gewisser Stillstand eingetreten. Es mag Ironie des Schicksals sein, daß dies gerade in den allerletzten Jahren deutlich geworden ist, in denen man mehr Geldmittel und mehr technisches Wissen einsetzte als je zuvor. Trotz all des Geldes, trotz all der technischen Innovationen und trotz aller Begeisterung gerade beim Kampf um den America's Cup waren die Ergebnisse bisher doch eher dürftig.

Tatsächlich ist die Entwicklung der Segel unglaublich langsam vorangeschritten, vergleicht man sie etwa mit der verwandten aerodynamischen Wissenschaft, der Luft- und Raumfahrt. Dort hat man es in wenig mehr als einem halben Jahrhundert von einem kurzen Sprung dicht überm Boden bis zum Flug zum Mond und zurück gebracht.

Die Gründe dafür sind leicht einzusehen: Die Weiterentwicklung der Segel endete mit dem ersten Rauch aus dem Schornstein eines Dampfers in der Mitte des 19. Jahrhunderts. Seitdem ruht die Sorge um den Fortschritt im wesentlichen auf den Schultern rein sportlich interessierter Segler. Und die haben nun einmal nicht so prall gefüllte Geldbörsen wie die Staaten, die an der Verbesserung ihrer Seestreitkräfte interessiert sind.

Tatsächlich stammen fast alle Erkenntnisse, die wir heute von der Wirkung des Windes auf die Segel haben, aus der Luftfahrt. Ähnlich basieren die verbesserten Formen für Kiele und Unterwasserschiffe auf Schleppversuchen und der Anwendung hydrodynamischer Erkenntnisse aus dem Großschiffbau.

Unsere aerodynamischen Erkennt-

...isse beruhen jedoch größtenteils immer noch auf maßstäblichen Hypothesen. Wissenschaftler, die in Windtunneln arbeiten, haben im allgemeinen kaum Interesse an Tragflügeln, die mit weniger als 30 Knoten Wind angeströmt werden; und sogar dieses einmal so wichtige Mittel der Forschung ist ein auslaufendes Modell, dessen Arbeit mehr und mehr vom Supercomputer übernommen wird. Dessen Fähigkeiten mögen zwar erstaunlich sein, doch ist allein schon das Stellen der richtigen Fragen durch das richtige Programmieren des Rechners unendlich teuer.

Im Fachbereich Aerodynamik des Segels gibt es nur wenige anerkannte Forschungsarbeiten. Die noch heute gültigen Standardwerke stammen von C. A. „Tony" Marchaj, einem Wissenschaftler polnischer Herkunft, an der Southampton University in England. Sie liegen auch in deutscher Übersetzung vor: „Segeltheorie und -praxis" (1971) und „Aerodynamik und Hydrodynamik des Segelns" (1982), beide im Verlag Delius Klasing, Bielefeld. Erst kürzlich scheiterte aber eine Studie, in der die Druckverteilung an einem Segel – das größte aller Probleme für jeden, der Segel entwirft – untersucht werden sollte, kurz vor der Vollendung an Geldmangel.

Doch lassen sich für die Zukunft sehr wohl Fortschritte erwarten. Wenn man nämlich Erfahrungswerte in einen Computer eingibt, kann sich dieser selbst um Antworten bemühen – nicht nur zu der Frage, wie Segel arbeiten, sondern sogar zu dem Problem, wie man das Tuch durch Entwurf, Schnitt und Nähen in eine Form bringt, die sich im Wind optimal selbst entwickelt. Bei den Eingaben hat man sich jedoch immer noch auf die Erfahrungen der Segler zu verlassen, um den Computer auf den Weg des Erfolges zu leiten.

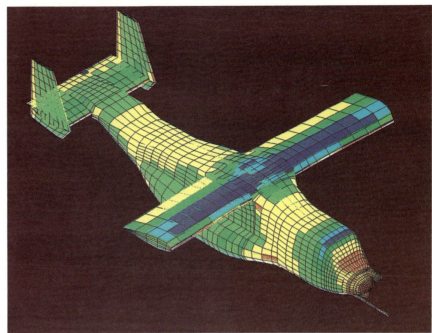

Auf die Berechnung von Druck- und Strömungsverhältnissen programmierte Supercomputer wurden in den Forschungs- und Entwicklungsabteilungen der militärischen und zivilen Luftfahrtunternehmen entwickelt. Dies ist ein Computer-Bild der Boeing V-22-Osprey für die Streitkräfte der USA.

Michael Richelsen von North Sails hat die gleichen Supercomputer zur Analyse der Strömungsverhältnisse am Segel eingesetzt. Foto: North Sails Inc.

Die Theorie

Dem nur oberflächlich interessierten Leser genügt vielleicht das einfache Experiment einer in eine Luft- oder Wasserströmung gebrachten gewölbten Oberfläche, um das Erzeugen von Auftrieb darzustellen. Für den Segler, der die Kräfte am Segel begreifen und vor allem Kraft mit seinem Segel erzeugen will, ergeben sich dabei mehr Fragen als Antworten. Zum Beispiel mag es – oberflächlich betrachtet – durchaus so scheinen, daß der Auftrieb verstärkt wird und damit das Boot schneller segelt, wenn man die Wölbung des Hindernisses bzw. Segels vergrößert – eine Rechnung, die, wie jeder Segler weiß, sich alsbald ins Umgekehrte verdreht. Andererseits ist ein dünnes Segel, das vielleicht zwei Millimeter dick ist, kaum mit einem Tragflügel zu vergleichen, der einem Flugzeug den Auftrieb bringt. In der ganzen Sache steckt also offensichtlich viel mehr, als das Auge bei dem einfachen Experiment erkennen kann. Der Auftrieb, der doch für das Wie und Warum des Segelziehens so grundlegend ist, läßt sich mit vereinfachten Beispielen nicht weiter erklären; auch für den technisch nicht besonders begabten Leser heißt es hier alles oder nichts.

Da ist zuerst das Verhältnis von Auftrieb zu Widerstand. Wenn ein Boot bei einer gegebenen Windgeschwindigkeit beschleunigt, müssen die Auftriebskräfte, die für die Fahrt voraus sorgen, größer sein als die Widerstandskräfte, die es zurückhalten. Das Gegenteil gilt, wenn die Fahrt langsamer wird. Bei einer konstanten Geschwindigkeit durch das Wasser sind Auftrieb und Widerstand gleich und entgegengesetzt gerichtet. Auf einer Yacht trifft dies sowohl für den Kiel wie für die Segel zu. Beide sind an der Erzeugung des Auftriebs wie auch des Widerstands beteiligt, sobald und solange sie mit der Strömung ihres flüssigen Mediums reagieren. Das Verhältnis von Auftrieb zu Widerstand, das erzeugt wird, ist deshalb von grundlegender Bedeutung für die Wirksamkeit, mit der ein Boot voran getrieben werden kann.

Aber was sind diese entgegengerichteten Kräfte, und wie werden sie erzeugt?

Auftrieb

Nehmen wir zunächst als Beispiel eine runde Form, die in eine Luftströmung eingeführt wird. Oft nimmt man für dieses Experiment einen Ball; aber viel anschaulicher ist ein Wassertropfen, der aus einem Gartenschlauch durch die Luft geschleudert wird. Das Gesetz von Bernoulli besagt, daß in jedem flüssigen Medium – auch in der Luft – Druck plus Geschwindigkeit immer konstant sind. Erhöht man die Geschwindigkeit, sinkt der Druck; verringert man die Geschwindigkeit, erhöht sich der Druck.

Die erste Wirkung der Luft auf den runden Wassertropfen bemerken wir am Mittelpunkt seiner Vorderseite. Man nennt ihn den Staupunkt, an dem die Luftgeschwindigkeit über oder um den Tropfen gleich null ist. Oberhalb und unterhalb dieses Punkts trennt sich die Luftströmung und fließt um den Wassertropfen, und dabei muß sie sich beschleunigen, indem sie quer zu seiner Oberfläche fließt. Hier wirken nun zwei Kräfte auf den Tropfen: Am vorderen Punkt, dem Staupunkt, registrieren wir die geringste Luftgeschwindigkeit; daher ist hier der Druck am größten, so daß die Vorderseite des Tropfens abgeflacht wird. An den Seitenflächen beschleunigt sich hingegen die Luftströmung, so daß diese Flächen in die Bereiche geringeren Luftdrucks (und höherer Geschwindigkeit) hineingezogen werden. Dreht man jetzt den Wasserhahn auf und beschleunigt damit den Wassertropfen im Verhältnis zur Luft, so wird sich der Druck an den Seiten so weit verringern – man könnte auch sagen, der Unterdruck an den Seiten so weit erhöhen –, daß er den Wassertropfen schließlich in zwei Tröpfchen auseinanderreißt.

Interessant dabei ist, daß der Tropfen in eine ganz andere Richtung auseinandergerissen wird, als wir zunächst vielleicht vermuten möchten, denn die Seiten des Tropfens werden durch die Reibungskräfte zwischen Luftströmung und Tropfenoberfläche quer zur Fallrichtung auseinandergezogen.

Um einen Wassertropfen, der aus einem Gartenschlauch (grün) geschleudert wird, wird eine Luftströmung erzeugt. Der höchste Druck entsteht auf der Vorderseite, am Staupunkt (x). Niedriger Druck (rote Pfeile) zieht den Tropfen auseinander. Wird die Geschwindigkeit des Wassertropfens im Verhältnis zur Luft erhöht (unten), reißt der Unterdruck den Tropfen vollständig auseinander.

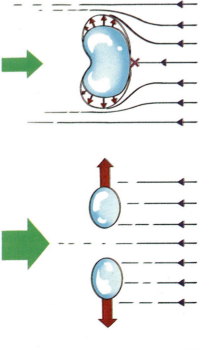

White Crusader vor Perth. Foto: Barry Pickthall

Abreißen der Luftströmung

Um festzustellen, was mit einer anliegenden Luftströmung passiert, wenn man sie an einer zu scharfen Wölbung entlangfließen läßt, wollen wir einen durch die Luft fliegenden Ball betrachten.

Die Luftströmung, die sich am Staupunkt getrennt hat, beschleunigt sich zwischen der Wölbung und der darüber liegenden ungestörten Luft, während in diesem Bereich der Druck gleichzeitig abnimmt.

Sobald die Luftströmung jedoch den äußersten Punkt der Wölbung, den Gipfel sozusagen, passiert hat, erweitert sich die Verengung offensichtlich, so daß sich die Luftströmung wieder verlangsamen kann, bis sie ihre ursprüngliche Geschwindigkeit erreicht hat. Während uns die Gesetze der Physik sagen, daß eine Luftströmung, die sich von hohem zu niedrigem Druck bewegt, auf geordnetem Wege fließen wird, ist es unglücklicherweise bei einem Fluß von niedrigem zu hohem Druck umgekehrt. Die Strömung wird ungeordnet. Sobald der Druck steigt, während sich zugleich die Strömung verlangsamt, reißt die Luftströmung ab. Es ist dieses Abreißen der Luftströmung, hier extrem dargestellt, vor dem jeder Segler auf einem Amwindkurs beständig auf der Hut sein muß, denn es verursacht eine Verringerung des Auftriebs und zugleich ein Ansteigen des Widerstands am Segel. Darüber später mehr.

Die Grenzschicht

Zwischen dem Hindernis und dem es umfließenden flüssigen Medium entsteht außerdem ein Reibungswiderstand. Er entsteht in einem Bereich, der als Grenzschicht bekannt ist. Unmittelbar an der festen Oberfläche bleibt eine dünne Schicht des flüssigen Mediums haften. Diese dünne Schicht bewegt sich nur mit derselben Geschwindigkeit weiter wie die Oberfläche, an der sie haftet. Der Einfluß des Hindernisses auf die Strömung vermindert sich in dem gleichen Maße, wie der Abstand von ihm wächst, bis eine Grenze erreicht ist, an der es die Strömung nicht mehr beeinflußt. Eine mit Spritzguß verzierte Torte gibt dafür ein hübsches Beispiel ab. Zieht man ein Messer durch die Zierlinien, so ist die Reibungskraft des Messers deutlich zu erkennen, auch wie sie nach außen hin allmählich abnimmt. Die Luft, die eine viel

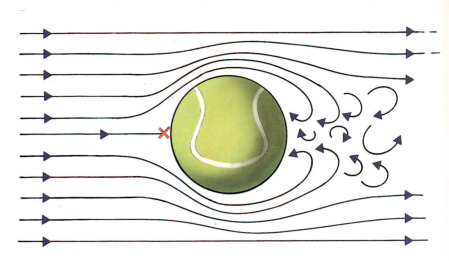

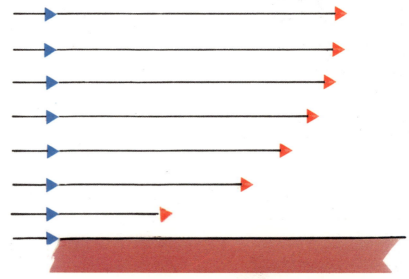

Sobald der Druck auf der hinteren Hälfte des beschleunigten Balls wieder ansteigt (oben), reißt die Strömung ab und bildet Widerstand. Unten: Eine Vergrößerung des Grenzschichteffekts. Die Strömung wird an der Oberfläche durch Reibung verlangsamt: direkt an der Oberfläche wird sie sogar vollständig gebremst.

Ein Messer schneidet durch eine mit Spritzguß verzierte Torte. Daran, wie es die Zierlinien mitzieht, zeigt sich der Grenzschichteffekt.

höhere Viskosität hat, reagiert genauso, aber nicht so breitflächig. So macht das Beispiel deutlich, wie sich die anliegende Luftströmung verhält.

Turbulente und anliegende Strömung

Das Gegenteil von laminarer Strömung ist abreißende Strömung. Turbulente Strömung ist tatsächlich nur eine andere Form der laminaren Strömung und nicht ein anderes Wort für abreißende Strömung.

Von den beiden Formen laminarer Strömung ist die anliegende Strömung bei weitem die wirkungsvollste. Bei ihr bleiben die Strömungslinien in Reihen wie ein gut gedrilltes Regiment Soldaten, das über den Paradeplatz marschiert, während ihr oft verschmähtes Gegenteil, die turbulente Strömung, eher einem Trupp von Schnäppchenjägern gleicht, die zum Winterschlußverkauf strömen; alle rennen durcheinander, bewegen sich aber doch in die gleiche allgemeine Richtung.

In der Praxis haben die Wirkungsvorteile der anliegenden Strömung für den Segler wahrscheinlich wenig Bedeutung, was mit den relativ scharfen Kanten zusammenhängt, um die die Luftströmung geführt werden muß, aber auch mit den ständigen Geschwindigkeitsschwankungen, während Segel und Kiel dahinjagen.

Von niedrigem zu hohem Druck

Kehren wir für einen Augenblick zum Grenzschichteffekt zurück, so erinnern wir uns, daß die Strömungsgeschwindigkeit durch die Oberflächenreibung verringert wird. In diesem Beispiel war die Oberfläche flach. Doch was geschieht in der Grenzschicht, wenn die Oberfläche gewölbt ist? Wird die Strömung zusammengedrückt, beschleunigt sie sich; wenn der Höhepunkt der Wölbung überschritten ist, verlangsamt sie sich wie-

der, während der Druck steigt. Jener Teil des fließenden Mediums, der die Oberfläche tatsächlich berührt, bewegt sich jedoch mit der gleichen Geschwindigkeit wie diese Oberfläche. Bewegt sich der Tragflügel beispielsweise gegen die Strömung, so bewegt sich die Grenzschicht auch gegen diese Strömung.

Diese negative oder entgegengerichtete Strömung auf der Oberfläche übt einen Einfluß auf das benachbarte Medium aus und versucht, es gegen seine Strömungsrichtung mitzureißen. Je langsamer die allgemeine laminare Strömung ist, um so größere Chancen hat sie, sich durchzusetzen.

Auf der Achterseite eines flachen Tragflügels wird die Strömungsgeschwindigkeit offensichtlich weniger stark verringert als an einem stärker gewölbten Tragflügel; und damit werden die Möglichkeiten des Abreißens der Strömung und der Wirbelbildung vermindert. Wenn man die Tiefe der

Bewegt sich der Tragflügel vorwärts (oben), reißt er die laminare Strömung in die entgegengesetzte Richtung mit. Über einem stärker gewölbten Tragflügel (unten) ist die Dif- *ferenz von Druck und Geschwindigkeit größer, es wird viel wahrscheinlicher, daß die Strömung abreißt.*

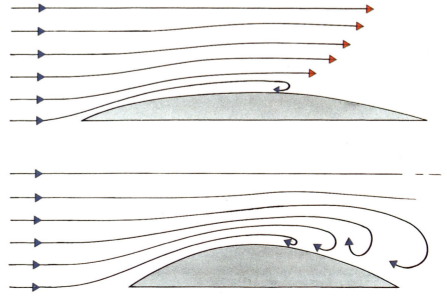

Wölbung oder die Fließgeschwindigkeit der Strömung erhöht, so wächst die Differenz innerhalb der Grenzschicht. Der Punkt, an dem die Strömung abreißt, wird sich damit schnell nach vorne bewegen bis zu der Stelle, an der der Druck wieder stärker wird. Der Tragflügel ist dann von diesem Punkt an „gedrosselt".

Der Anstellwinkel

Für den nächsten Schritt in der Enthüllung des Mysteriums, wie Segel wirken, müssen wir zur Illustration eine flache Platte einführen. Die Erfahrung zeigt, daß sogar ein Stück Sperrholz genug Auftrieb zum Fliegen erzeugen kann, wenn es dem Wind im richtigen Winkel angeboten wird. Man versuche nur einmal, eine solche Platte bei starkem Wind die Straße entlang zu tragen!

Wir beobachten also, was an einer flachen Sperrholzplatte geschieht, die ungefähr so zum Wind gestellt wird (A) wie ein Segel auf Amwindkurs.

Die Strömung trifft die Platte etwas unterhalb ihrer Vorderkante; wo sie auftrifft, entsteht der Staupunkt, d. h. der Punkt höchsten Drucks. Die Strömung oberhalb dieses Punkts wird nach oben um die Vorderkante herumgelenkt und wird schneller, während zugleich der Druck sinkt, verlangsamt sich dann allmählich, während der Einfluß der Platte sich verringert, bis die Strömung sich schließlich erneut zusammenschließt. Der Druck steigt

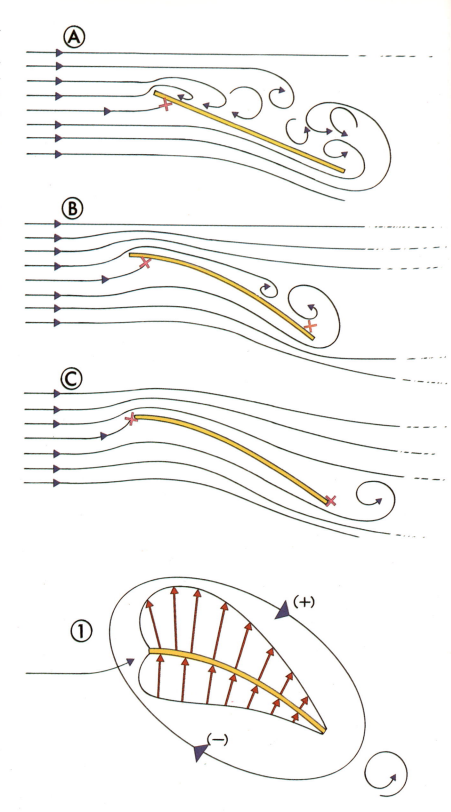

Wenn der Wirbel in C nach achtern verdrängt wird, beginnt er eine allgemeine Strömung rund um das gesamte „Segel" zu erzeugen, und die Staupunkte beginnen sich gegen den Uhrzeigersinn um die Anschnitt- und Ablaufkanten zu bewegen. Die untere Zeichnung (1) zeigt den Anstieg der Strömungsgeschwindigkeit auf der Leeseite und die Verminderung der Strömungsgeschwindigkeit auf der Luvseite zusammen mit den daraus resultierenden Druckunterschieden.

dann wieder, und indem die Strömung sich von niedrigem zu höherem Druck bewegt, reißt sie ab, in diesem Fall fast gleich hinter der Vorderkante. Die Strömung unterhalb des Staupunkts wird an der Unterseite der Platte entlanggeführt; doch wenn sie die Achterkante erreicht, fließt sie um diese Kante, bevor sie abermals ihrer ursprünglichen Richtung folgt. Dabei nimmt die Geschwindigkeit wiederum zu und der Druck ab, während dahinter (auf der Leeseite) das Umgekehrte passiert – die Geschwindigkeit ab- und der Druck zunimmt, was ebenfalls zu Turbulenzen führt.

Das Segel als Tragflügel

Denken wir uns jetzt die Platte leicht gewölbt (B), so kommen wir bald an einen Punkt, an dem das Experiment auch für den Segler etwas aussagt. Der Wind fällt in einem ähnlichen Winkel ein wie bei einem dichtgeholten Segel; am Staupunkt trifft er das „Segel" und trennt sich. Die obere Strömung wird um das Luvliek des Segels herumgelenkt, doch weil er sich über der Leeseite der Wölbung weiter beschleunigen muß, wird er der Kurve der Wölbung auch länger folgen. Innerhalb der Grenzschicht bleibt die Strömung laminar. Auf der Unterseite (der Luvseite) fließt die Strömung nach achtern; am Leeliek beschleunigt sie sich beim Versuch, in ihre ursprüngliche Fließrichtung einzuschwenken, verwirbelt aber in dem Bereich niedrigen Drucks hinter dem Leeliek. Hier entsteht ein zweiter Staupunkt, und eine Verwirbelung der Luft beginnt. Dies ist die anfängliche Wirbelbildung.

Soweit ist nichts geschehen, was nicht mit einfacher Logik erfaßt werden kann; doch der nächste Schritt ist schwerer zu verstehen, besonders für jemanden, der sich in der Physik nicht auskennt. Es ist jedoch der Punkt, auf dem alles weitere aufbaut. Man beachte, daß alles, was bis jetzt geschildert wurde, den Augenblick umschreibt, in dem das Segel in den Wind geschotet wird.

Sobald die anfängliche Wirbelbildung entsteht, wird sie von der allgemeinen Luftströmung hinter das Leeliek in die ungestörte Luft gedrängt (C). Nach Newtons Lehre von der Wirkung, die immer auch eine gleich starke Gegenwirkung erzeugt, entsteht hier eine allgemeine Luftströmung in die Gegenrichtung, die anwächst und schließlich den gesamten Bereich des Segels umfaßt.

Dies ist vielleicht am schwierigsten zu verstehen. Die allgemeine Strömung um das Segel, die durch die Verwirbelung entsteht, kehrt die Strömung auf der Luvseite des Segels nicht um. Relativ gesehen, schwächt sie die Strö-

Der Druckunterschied auf beiden Seiten dieses Großsegels ist deutlich zu erkennen: Die Reffbändsel auf der Leeseite strömen nach achtern, und die auf der Luvseite fallen in der reduzierten Strömung nach unten. Foto: Colloryan

mung auf der Luvseite und verstärkt die Strömung auf der Leeseite. Beide Strömungen behalten ihre Richtung von vorn nach achtern bei. Vielleicht kann man es besser verstehen, wenn man sich vorstellt, wie jemand auf einem Kreuzfahrtschiff beim Morgensport auf den Decks um das Schiff läuft. Läuft er in Richtung Bug, erreicht er im Prinzip den nächsten Hafen schneller, als wenn er sich umdreht und in Richtung Heck läuft. Schließlich wird er dort jedoch zur gleichen Zeit ankommen wie das Schiff und alle seine Mitreisenden.

Bei einem Segel schwächt die allgemeine umkreisende Luftströmung die Strömung auf der Luvseite und beschleunigt die Strömung auf der Leeseite und verstärkt damit den Druckunterschied zwischen beiden Seiten. Das Ergebnis ist, wie die Schemazeichnung zeigt, daß das Segel die nötige Tragflügelform beibehält, die erst den Auftrieb erzeugen kann.

Widerstände

Nachdem jetzt die gesamten Strömungsverhältnisse um das Segel klar sind, ist es an der Zeit, daß wir uns mit den Widerständen am Segel befassen. Wir haben bereits festgestellt, daß der durch das Segel erzeugte Gesamtvortrieb die Summe aus Auftrieb und Widerstand ist, wobei Vortrieb jener Teil des Auftriebs ist, der übrig bleibt, wenn vom Auftrieb die Widerstandskräfte abgezogen werden.

Druckwiderstand

Widerstand bildet sich, wenn ein Hindernis in eine Luft- oder Wasserströmung hineingehalten wird. Leider ist die Form mit dem höchsten Widerstandswert auf jedem Boot leicht anzutreffen, bildet doch alles mit symmetrischem oder rundem Querschnitt wie Draht, Stangen oder Tauwerk in der Takelage die größten Widerstände.

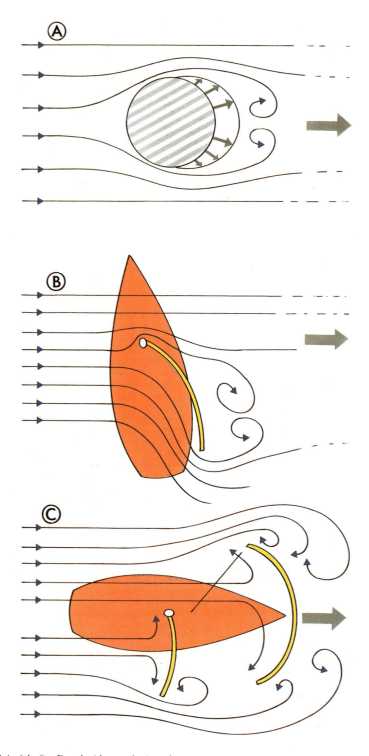

Drei Beispiele für Druckwiderstand: A und B sind nachteilig; bei C arbeitet der Widerstand in die richtige Richtung und zieht Spinnaker und Boot nach vorne.

Induzierter Widerstand in Form spiralförmiger Wirbel wirkt, als ob man Eimer an Segel und Kiel gebunden hätte.

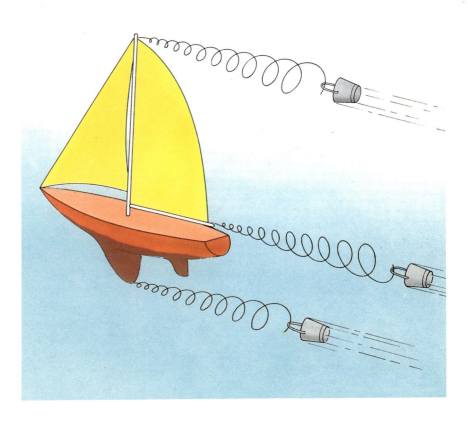

Ein Blick auf Abbildung A zeigt, warum dies so ist. Hinter dem „Gipfel" der Wölbung reißt die Strömung sofort ab und verwirbelt spiralenförmig mit im Verhältnis zur umgebenden Luftströmung hohen Geschwindigkeiten. Hohe Geschwindigkeit bedeutet niedrigen Druck, und in Verbindung mit dem hohen Druck am vorderen Staupunkt verzögert dieser die Bewegung in diese Richtung. Auch wenn ein Segel – oder Flügel oder Kiel – asymmetrisch ist und deshalb Auftrieb erzeugt, bildet sich dort ein nicht unerheblicher Druckwiderstand, während die Luft oder das Wasser an ihm vorbeifließt. Stellt man den Tragflügel entweder in zu starkem Winkel zur Strömung an oder hat er einen zu tiefen Querschnitt, so wird die Strömung, wie bereits beschrieben, auf der Leeseite abreißen und Verwirbelung bilden.

Abreißen und Verwirbelung können entstehen, wenn das Segel zu voll für die Windstärke oder zu schlecht getrimmt (B) ist. Letzteres kann man am häufigsten auf Halbwind- oder Raumschotkursen beobachten, wenn die Segel zu dicht geholt werden.

Die verwirbelte Luft in der abreißenden Luftströmung vermindert den Druck, verzögert die Vorwärtsbewegung und verdrängt natürlich auch den Auftrieb, wenn er von achtern nach vorn kriecht, ist demnach in doppeltem Sinne nachteilig. Kann sich das Ganze fortsetzen, ist schließlich das gesamte Segel „gedrosselt". Segelt man jedoch vor dem Wind, ist der Druckwiderstand nicht so nachteilig wie bisher beschrieben. Die von einem Spinnaker auf Vorwindkurs erzeugte Kraft (C) ist fast vollständig Druckwiderstand.

Reibungswiderstand

Der Reibungswiderstand spielt am Segel die geringste Rolle, eine größere jedoch am Kiel. Die Viskosität der Luft ist fünfmal geringer als die des Wassers, und da der Reibungswiderstand vor allem beim Entstehen der schon erwähnten Grenzschicht zum Tragen kommt, ist er bei einem schmutzigen oder bewachsenen Kiel sehr viel bedeutsamer als bei den meist geringen Unregelmäßigkeiten eines normalen Segels. Säume, Nähte und Falten vergrößern zwar den Reibungswiderstand, doch sein Anteil am Gesamtwiderstand ist unbedeutend. Auf einem Amwindkurs machen Druck- und Reibungswiderstand zusammen tatsächlich nur etwa 25 Prozent des Gesamtwiderstands aus.

Induzierter Widerstand

Am stärksten von allen ist induzierter Widerstand. Diese Art des Widerstands wird direkt durch den Prozeß der Auftriebserzeugung bei einer asymmetrischen Form verursacht. Bis jetzt haben wir das Segel nur in zwei Dimensionen betrachtet. Seine dritte Dimension ist die Flächenform mit dem Segelkopf im Topp und dem Segelhals am Fuß des Segels. Das Segel ist tatsächlich ein Tuch, das die Luft hohen Drucks auf der einen, der Luvseite, von der Luft niedrigen Drucks auf der Leeseite trennt. Dabei drängt es gegen den hohen Druck und entwickelt wie der Tragflügel eines Flugzeugs eine Kraft, die seinem auf der darunter befindlichen Luft lastenden Gewicht entspricht. Diese Luft möchte dem Druck natürlich aus dem Weg gehen und drängt deshalb besonders in den Bereich niedrigen Luftdrucks auf der Rückseite des Tragflügels. Wo sich beide Luftströmungen am Achterende des Tragflügels oder am Leeliek des Segels treffen, bildet sich ein spiralförmiger Wirbel, der nach außen zur Spitze des Tragflügels bzw. beim Segel zu Kopf und Schothorn hindrängt. Dort angekommen, beschleunigt er sich zu einem energiefressenden Spiralwirbel. Bei einem Jumbojet können sich diese Wirbel bis drei oder vier Meilen hinter jede Flügelspitze fortsetzen. Zum Glück für den Flugzeugkonstrukteur bildet der Rumpf des Jumbos eine wirkungsvolle „Versiegelung" am inneren Ende des Tragflügels. Beim Segel ist dies leider nicht der Fall, und so entstehen Spitzen-Wirbel sowohl am Kopf wie am Schothorn jedes Segels, dazu natürlich auch an der Spitze des Kiels. Segelentwurf, Herstellung und Trimm

können eine wichtige Rolle bei ihrer Verringerung spielen. Für den Augenblick reicht es, wenn wir uns diesen induzierten Widerstand als eine Reihe nachgeschleppter Eimer vorstellen, die das Vorwärtskommen der Yacht nach Luv behindern.

Der scheinbare Wind

Bevor wir uns nun zum Abschluß dem Zusammenwirken von Vor- und Großsegel zuwenden, sollten wir noch einen Augenblick bei der Idee des scheinbaren Winds bleiben. Für den Segler und sein Segel ist dies der Wind, auf den es letztendlich allein ankommt. Der wahre Wind – oder jener Wind, der an einem fest mit einem Kirchturm verbundenen Wetterhahn gemessen werden kann – hat auch seine Bedeutung für den Segler; aber nur, um den scheinbaren Wind für den nächsten Schlag auszurechnen. Denn der allein zählt wirklich.

Was man beim Segeln spürt, sind Geschwindigkeit und Richtung des scheinbaren Winds. Auf einem Motorboot, das mit 6 Knoten gegen eine Brise von 10 Knoten andampft, muß es jemandem, der auf Deck steht, scheinen, als ob der Wind mit 16 Knoten über das Deck weht – und diese 16 Knoten sind der scheinbare Wind. Fährt das Motorboot in die entgegengesetzte Richtung – ebenfalls mit 6 Knoten –, so vermindert sich der scheinbare Wind auf 4 Knoten. Weht auf einem Motor- oder Segelboot der Wind aus irgendeiner anderen Richtung als von direkt voraus oder achteraus, so ändert sich nicht nur die Geschwindigkeit des scheinbaren Windes, sondern es ändert sich auch der Winkel, in dem die Luftströmung auf das Boot trifft. Der scheinbare Wind wird immer spitzer von voraus auf das Boot treffen als der wahre Wind. Je schneller das Boot segelt, um so spitzer wird der Winkel sein, und um so

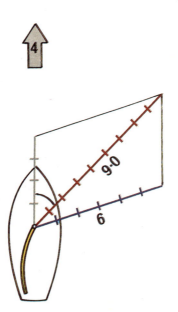

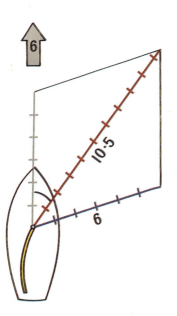

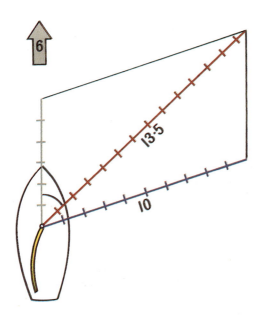

Links: Die Fahrt von 4 kn verwandelt den 6 kn starken wahren Wind (blau) in einen 9 kn starken scheinbaren Wind (rot) und läßt ihn zugleich nach vorne schwingen.

Größere Bootsgeschwindigkeit (Mitte) läßt den scheinbaren Wind noch weiter nach vorne drehen und verstärkt ihn zugleich auf

10,5 kn. Rechts hat der wahre Wind auf 10 kn zugelegt, und der scheinbare Wind hat wieder nach achtern gedreht.

In B hat die langsamere Strömung in Luv des Vorsegels den scheinbaren Wind (gepunktete blaue Linie) spitzer einfallen lassen (durchgehende rote Linie). Das Großsegel muß deshalb dichter zur Mittschiffslinie angeholt werden. In C hat die schnellere Strömung in Lee des Großsegels eine umgekehrte raumende Wirkung auf den das Vorsegel anströmenden Wind.

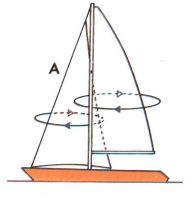

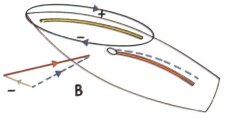

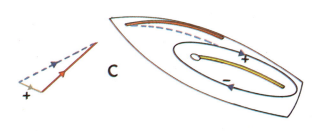

höher – jedenfalls bei Winden, die vorlicher als dwars einfallen – wird die Windgeschwindigkeit erscheinen. Dies sind also die beiden Regeln, die den scheinbaren Wind betreffen: Erhöht sich die Bootsgeschwindigkeit bei gleichbleibendem Wind, erhöht sich die Geschwindigkeit des scheinbaren Winds, und sein Einfallswinkel wird spitzer. Bleibt umgekehrt die Bootsgeschwindigkeit gleich, während der Wind zulegt, wird der Einfallswinkel des scheinbaren Windes größer, er raumt.

An diese beiden Regeln werden wir uns immer wieder zu erinnern haben. Deshalb sollten wir sie im Kopf behalten.

Auffrischender Wind fällt auf einem Boot in Fahrt achterlicher ein; abnehmender Wind fällt vorlicher ein.

Zusammenwirken von Groß- und Vorsegeln

Fast alles, was bisher vorausgegangen ist, führt zu einem klaren Verständnis dieses kurzen Kapitels. Wie beeinflussen sich Groß- und Vorsegel, und wie arbeiten sie miteinander? Bei der Beantwortung dieser Frage können wir zugleich eine Reihe weitverbreiteter Mißverständnisse ad acta legen.

Beide Segel entwickeln ihre eigene allgemeine Luftzirkulation mit Aufwind am Vorliek und Abwind am Achterliek. Bringt man sie zusammen wie auf einer Yacht, wird deutlich, daß nun das Großsegel in der Luftzirkulation des Vorsegels arbeitet und das Vorsegel in der Zirkulation des Großsegels (A).

Die einfache Argumentation der Thekentheoretiker läuft nun etwa so: „Bei einem Siebenachtel-Rigg wirkt das Vorsegel als Führung, die den Wind auf die Leeseite des vortrieberzeugenden Großsegels umlenkt. Bei der Topptakelung wirkt das relativ kleine Großsegel wie die Klappe eines Flugzeugflügels, indem es infolge des Düseneffekts die auftrieberzeugende Fläche vergrößert." In beidem steckt ein wenig Wahres; doch wollen wir uns um ein genaueres Verstehen bemühen.

Der Abwind, den das Vorsegel erzeugt, vermindert die Strömung auf der vorderen Leeseite des Großsegels. Diese Verlangsamung der Strömung wirkt sich so aus, daß der auf das Großsegel treffende Wind vorlicher einfällt, so daß es infolgedessen dichter zur Mittschiffslinie geschotet werden muß. Täte man dies nicht – oder hätte man umgekehrt das Vorsegel zu dicht geschotet –, so würde die Wirkung des Abwinds vom Vorsegel die Strömung zwischen beiden so stark verlangsamen, daß schließlich ein Punkt erreicht wäre, an dem der Druck auf der Leeseite des Segels dem auf der Luvseite gleich wäre und das Großsegel back schlüge.

Diese Erklärung ist deutlich anders als die so populäre Theorie, die das Backschlagen des Großsegels darauf zurückführt, daß der Wind durch die überaus wichtige Düse nicht entweichen kann. Tatsächlich fällt die gesamte Düsentheorie über beschleunigte Strömung in sich zusammen, wenn sie aus diesem Blickwinkel betrachtet wird. Würde die Strömung durch die Düse zwischen Vor- und Großsegel tatsächlich beschleunigt, so würde das Vorsegel einfach in diesen Bereich niedrigeren Drucks zwischen beiden Segeln hineinklappen.

Das Vorsegel seinerseits, das im Einflußbereich der allgemeinen Luftzirkulation um das Großsegel arbeitet, profitiert von dem Aufwind am Vorliek des Großsegels. Dieser verstärkt den scheinbaren Wind, in dem das Vorsegel arbeitet, und läßt ihn damit achterlicher einfallen. Mit anderen Worten: Es gibt dem Vorsegel einen beständigen Auftrieb.

Das Ergebnis kann man am deutlichsten von oben sehen: Wenn beide Segel gut ziehen sollen, muß das Großsegel dichter angeholt werden als das Vorsegel. Käme ein Besan hinzu, müßte dieser noch dichter zur Mittschiffslinie geschotet werden. Interessant ist, daß die Segler auf den großen Rahseglern, obwohl sie noch keinen Hubschrauber besaßen, von dem aus man Luftaufnahmen machen konnte, diesen Effekt durchaus kannten und danach handelten. Auf einem nach Luv kreuzenden Rahsegler waren, wenn die Segel so standen, daß sie gerade noch nicht killten, die Rahen von vorn nach achtern immer stärker angebraßt; der Unterschied zwischen Fock- und Besanmast konnte durchaus 20 Grad betragen.

Die Folge ist, daß die Wirkungsweise des vorderen Segels verstärkt und die des dahinter befindlichen Segels vermindert wird. Beim Amwindsegeln ist die Kraftentwicklung an einer gut getrimmten Fock üblicherweise eineinhalbmal so groß wie am Großsegel. Bei einem zusätzlichen Besan wäre die Kraftentfaltung nur noch dreiviertel so groß wie beim Großsegel.

Doch für die Anhänger des Düseneffekts ist durchaus nicht alles verloren. Steht das Achterliek von Fock oder Genua genau in Linie mit der vertikalen Krümmung der Leeseite des Großsegels, kann die sich verlangsamende Strömung vom Lee der ersteren auf die Leeseite des Großsegels überspringen und durch die dort schneller fließende Luftströmung wieder verstärkt werden. Geschieht dies, so vereint sich die gesamte vortriebzeugende Strömung auf der Leeseite beider Segel und fließt vom Vorliek des Vorsegels zum Achterliek des Großsegels.

Der Unterschied im Anstellwinkel der Rahen ist bei diesem Schiff deutlich zu sehen: Von vorn nach achtern ist jedes Rahsegel dichter angebraßt als das jeweils vor ihm stehende. Foto: Barry Pickthall

Segeltuche

Der Segelmacher muß wie jeder andere Ingenieur entweder mit den Eigenschaften seines Rohmaterials arbeiten oder sie so verändern, daß sie seinen Wünschen und Erfordernissen besser entsprechen. Beim Segeltuch haben die Ansprüche der Segler, besonders der Regattasegler, neuerdings den Weg in die zweite Richtung beschleunigt.

Es ist kein bloßer Zufall, daß dies in der gleichen Zeit geschah, als die Computerisierung in der Ingenieurwelt geradezu explodierte. Tuchherstellung, Segelmacherei und Freizeitsegelei haben am gesamten industriellen Komplex nur einen winzigen Anteil, und das gleiche gilt natürlich für die Gelder, die für Forschung und Entwicklung zur Verfügung stehen. Das Aufkommen besserer Tischcomputer verändert das Segelmacherhandwerk dennoch unwiderruflich von einer Kunst in eine Wissenschaft. Und doch gibt es Ende der achtziger Jahre keinen Segelmacher auf der Welt, der behaupten würde, schon alle Antworten zu besitzen.

Das Problem ist zumindest komplex. Der Luftfahrtingenieur, der mit seinem Computer den bestgeeigneten Tragflügel für sein Flugzeug entwirft, hat wenigstens den Vorteil zu wissen, daß dieser in der Luft seine Form nicht verändern wird. Wer ein Segel entwirft, kann jedoch sicher sein, daß sein Tragflügel als allererstes seine Form verändern wird. In dem Augenblick, in dem das Segel sich füllt und seine „fliegende Form" annimmt, zerstören die Kräfte, die der Wind gegen das Segel und seine Befestigung an der Yacht entwickelt, die vorgegebene Form, die im Grunde genommen eine mobile Membran ist. Wirkung und Gegenwirkung von Druck und Zug

Foto: Bainbridge

enden hier jedoch noch lange nicht. Bliebe der Wind in Geschwindigkeit und Richtung konstant, wäre die Gleichung immer noch relativ einfach — aber den Gefallen tut er uns nicht. Jede kleine Bö ändert das Gleichgewicht der Kräfte, zum Beispiel den Zug der Schot am Schothorn, ebenso jede Welle, in die die Yacht ihren Bug steckt.

Eine genauere Untersuchung dieser strukturellen Zug- und Druckprobleme gehört besser in ein späteres Kapitel über den Entwurf der Segelform, wenn die Wirkung des Windes auf die Segel diskutiert wird. Hier werden sie nur erwähnt als Erklärung dafür, warum sich die Aufmerksamkeit in den vergangenen 20 Jahren so stark auf die Reduzierung des Recks in gewebtem Tuch gerichtet hat, um die Lücke zwischen der „vorgeformten Form", die der Segelmacher als die theoretisch wirkungsvollste ansieht, und der „fliegenden Form", die das Segel annimmt, sobald es zu arbeiten beginnt, zu schließen.

Ist bis jetzt der Eindruck entstanden, daß die Suche nach besserem Material allein von den Segel-Designern ausging, so ist das nicht ganz richtig. Während die großen internationalen Segelmacher ihr eigenes Tuch entwickelt und gewebt haben, um den Ansprüchen ihrer Designer besser gerecht werden zu können, haben auch die wichtigsten Segeltuch-Fabrikanten auf die Ansprüche ihrer Segelmacher-Kunden und den Wettbewerb mit anderen Segeltuch-Herstellern reagiert. Von den Forschungsergebnissen und Entwicklungen der großen Tuchhersteller und Segelmacher profitieren dann wiederum die kleineren.

Computer-Terminals haben heute auf den meisten Schnürböden die Zeichenbretter verdrängt. Foto: North Sails Inc.

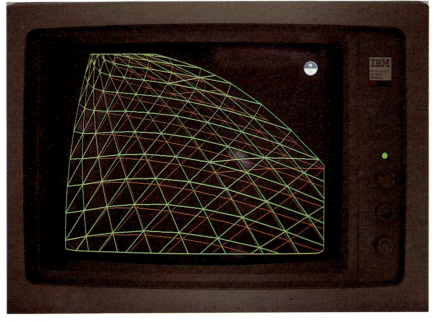

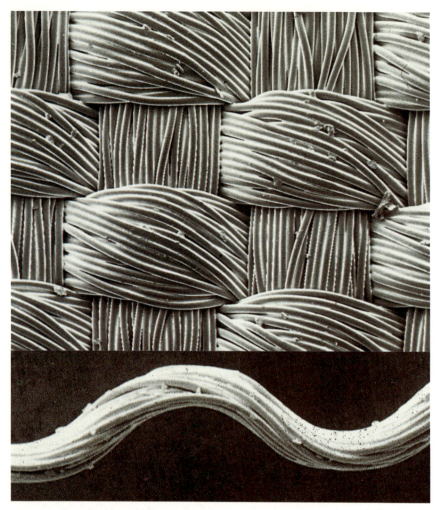

Dacron-Gewebe vor der Endbearbeitung in 80facher Vergrößerung. Bei diesem 6.5-Unzen-Tuch (ca. 280 g/m^2) für Diagonalschnitt sind die Kettgarne (hier waagerecht) stärker gekräuselt. Das einzelne Kettgarn (unten) zeigt die beim Webvorgang erreichte Kräuselung.

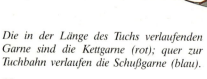

Die in der Länge des Tuchs verlaufenden Garne sind die Kettgarne (rot); quer zur Tuchbahn verlaufen die Schußgarne (blau).

Polyester-Tuche

Nur wenige Segler haben heute überhaupt noch Erfahrungen mit anderen Tuchen als denen aus Polyesterfasern auf der Basis von Ölderivaten. Dacron ist der amerikanische Handelsname, Terylene heißt es in Großbritannien, Tergal in Frankreich, Trevira und Diolen in Deutschland, Terlenka in Holland, Terital in Italien und Teroton in Japan. Infolge der weltweiten Vernetzung von Segelmachern und Tuchherstellern trifft man in Deutschland statt Diolen inzwischen auch oft genug auf die Bezeichnungen Terylene oder Dacron; im übrigen unterscheiden sich die Grundstoffe kaum voneinander.

Daß dieses Wundermaterial bis vor kurzem eine Art Monopol behaupten konnte, vereinfacht die Angelegenheit jedoch durchaus nicht. Einerseits könnten die Entwicklungen beim Weben und bei der Endbearbeitung zusammen mit verbesserter Segel-Konstruktionstechnik ein ganzes Buch füllen. Andererseits sind gerade wegen des idealen Ausgangsmaterials viele der nach inzwischen veralteten Techniken gewebten Segel der ersten Jahre auch noch heute im Einsatz. Segler, die mehr an den Segeln, die sie bereits besitzen, interessiert sind als an jenen, die sie ersetzen könnten, wird ein Versuch, die Entwicklung Schritt für Schritt nachzuvollziehen, sicherlich interessieren. Dazu muß man jedoch notwendigerweise die Natur des gewebten Materials verstehen.

An diesem Webstuhl kann man erkennen, wie das Schiffchen mit dem Schußgarn links zwischen den wechselweise auseinandergezogenen Kettgarnen hervorkommt.

Garne

Polyester ist in seiner ursprünglichen Form eine Faser. Wird es zusammengedreht wie ein Tau aus Naturfasern, so entsteht ein Garn. Schon auf dieser Stufe stehen dem Entwerfer auf der Suche nach weniger Reck im Endprodukt verschiedene Möglichkeiten offen. Die frühen Polyesterfasern waren zum Beispiel mehr für die Verwendung in Industrie und Mode geeignet als für den relativ winzigen Markt der Segelmacher. Der Segelentwerfer von heute hat hingegen durchaus Mitsprachemöglichkeiten bei der Bestimmung der Faserdicke und der Umdrehungen per Zoll, was beides Einfluß hat auf die Dicke und Stärke des jeweiligen Garns. In dieser und in allen anderen Stufen bis zum fertigen Tuch müssen Temperatur und Feuchtigkeit während der Verarbeitung sehr genau kontrolliert werden. Obwohl man immer wieder das Gegenteil hört, absorbiert Polyester durchaus Wasser, und das kann auf die Stärke des Garns und schließlich auch des Tuches erheblichen Einfluß haben.

Interessanterweise ist sogar die Spannung, mit der das Garn für die Verwendung in der Weberei auf die Spule gewickelt wird, bedeutsam für seine Stärke. All dies macht Polyestergarne zur Herstellung von Segeltuchen natürlich nicht billiger.

Kette und Schuß

In der Praxis hat der Entwerfer von Segeltuchen mit zwei verschiedenen Arten von Garn zu tun.
Tuche aller Arten werden in bestimmten Längen gewebt. Bei einigen Haushalttextilien können es Längen von über 10 km auf einmal sein. Die Breite des Webguts ist demgegenüber ziemlich konstant; sie wird durch die Breite des Webstuhls diktiert – bei Segeltuch liegt sie in diesem Stadium der Herstellung etwa bei 48 Zoll (122 cm). Die Garne, die der Länge nach durch eine Tuchbahn laufen, werden Kette genannt und die Querfäden Schuß. Als Segler kann man sich die Begriffe leicht merken, indem man bei Kette an die lange Anker-Kette denkt.

Beim Webvorgang werden die Kettfäden waagerecht nebeneinander auf den Webstuhl gespannt. Bei jedem Webvorgang ziehen Rahmen die Kettfäden abwechselnd nach unten und oben, und durch die zwischen ihnen entstehende Lücke schießt das keulenähnliche Weberschiffchen mit dem Schußfaden blitzschnell hin und her. Jeder einzelne Schußfaden wird dann mit großer Kraft gegen die vorhergehenden Schußfäden geschlagen. Weil für das dichte Gewebe von Segeltuch soviel Kraft nötig ist, werden oft noch Webstühle verwendet, die aus einem anderen Industriezeitalter stammen; erst allmählich kommen modernere, für das Weben von Segeltuch abgewandelte Hightech-Maschinen in einigen Teilen der Welt in Gebrauch.

In diesem Stadium ist die Kontrolle der Umgebung immer noch wesentlich. Eine moderne Weberei für Segeltuche wird beispielsweise automatisch abgeschaltet, wenn die Raumtemperatur über 21° C oder die Luftfeuchtigkeit über 53 Prozent steigt.

 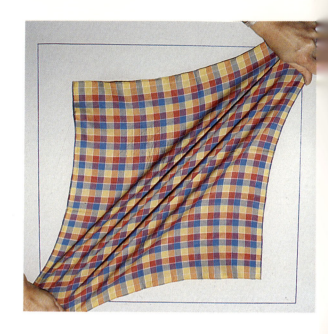

Reck in Garnrichtung (links) ist minimal, verglichen mit dem Diagonalreck (rechts). Man beachte auch, wie die Seiten und die gegenüberliegenden Ecken in den ursprünglichen Umriß hineingezogen wurden.

Dehnung in Diagonalrichtung

Soweit ist die Stärke in Längs- oder Querrichtung des Tuchs relativ gut vorhersehbar. Sie kann vom Tuchentwerfer bestimmt werden, indem er die Spannung von Kette oder Schuß variiert, die Dicke eines der Garne verändert oder die Zahl eines der Garne pro Quadratzoll in der einen oder anderen Richtung erhöht oder vermindert. Er kann auch die relative Dehnung in der Tuchlänge verändern, indem er den Grad variiert, mit dem die Schußgarne die Kettgarne aus ihrer Richtung ziehen, wenn sie über und unter ihnen hindurchgehen. Man nennt dies den Dehnungsfaktor.

Am extremsten ist es, wenn das Schußgarn quer zur Tuchlänge absolut gerade liegt und damit die Kettgarne zwingt, über und unter dem Schuß hindurchzugehen. Der Dehnungsfaktor in Querrichtung des Tuchs wäre dann gleich der Summe der einzelnen Garne. In der Tuchlänge würden sich jedoch unter Zug die Kettfäden zu dehnen suchen, wobei sie an Stärke einbüßen. Zwischen Kräuselung von Kette und Schuß muß demnach ein Ausgleich gefunden werden, zumal ihr Verhältnis zueinander einen unmittelbaren Einfluß auf den Reck diagonal zum Tuch hat. Dieser Diagonalreck ist der wahre Alptraum jedes Segelmachers.

An einem weniger dicht gewebten Tuch, wie es beispielsweise für Taschentücher verwendet wird, läßt sich das leichter zeigen. Zieht man es erst einmal seitlich an den Kanten auseinander, so hängt die Dehnung von der Widerstandsfähigkeit der einzelnen Garne ab (und von ihrer Kräuselung umeinander, die bei dieser losen Webart gering ist). Ziehen wir aber das Tuch an zwei diagonal gegenüberliegenden Ecken auseinander, so wird der Unterschied sofort sichtbar. Die kleinen Rechtecke, die bei dem Kreuz- und Querverweben von Kette und Schuß entstanden sind, haben sich jetzt zu Rhomben verformt; einzig durch die Festigkeit der Verwebung können sie der auf sie ausgeübten Kraft widerstehen.

Die wesentlichen Entwicklungen seit dem ersten Auftauchen von Kunststoffsegeln Mitte der 50er Jahre waren alle darauf gerichtet, diesen Diagonalreck zu reduzieren, ohne den Dehnungswiderstand in Querrichtung des Tuchs nachteilig zu beeinflussen. Diese Schuß-Orientierung bei der Tuchherstellung, wie sie auch genannt wird, ist die Grundlage, auf der der Diagonalschnitt der Segel überhaupt erst möglich wurde.

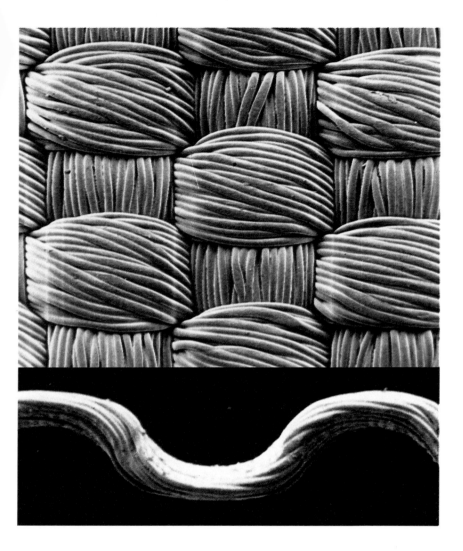

Das gleiche Dacron-Gewebe wie zuvor, jetzt jedoch nach der Hitzebehandlung. Die Garne sind geschrumpft und dicker geworden. Die jetzt permanent gewordene Kräuselung schließt das Gewebe zusammen.

Hitzebehandlung

Das Monopol, das Kunststofftuche seit nun schon 30 Jahren in der Herstellung von Segeln haben, beruht vor allem auf einer Eigenschaft: Beim Erhitzen schrumpfen und verdicken sich Polyestergarne irreversibel.

Kommt das Rohgewebe, die sogenannte Rohbreite, zur Endverarbeitung, so muß es erst gereinigt werden; das Gleitmittel, das zur Erleichterung des Webvorgangs auf die Kettfäden aufgebracht worden war, wird beseitigt. Früher wurde das Tuch dann erhitzt, indem man es durch einen Ofen oder über erhitzte Rollen führte. Heute wird das Erhitzen in Intervallen durchgeführt, in Schritten, zwischen denen wieder andere Arbeitsgänge liegen. Das Ziel ist jedoch in beiden Fällen das gleiche: Das Tuch wird insgesamt etwa eine Minute lang einer Temperatur von rund 400° Fahrenheit (rund 205° C) ausgesetzt. Dabei bildet sich zwischen den Garnen ein Verschluß, der sie so fest miteinander verbindet, wie es beim mechanischen Weben auf dem Webstuhl nie erreicht werden kann.

Dieser Prozeß des Zusammenschweißens durch Hitze ist irreversibel. Dabei schrumpft das Tuch in Längs- und Querrichtung um rund 20 Prozent. Während das ursprüngliche Rohgewebe ungefähr 48 Zoll (ca. 122 cm) breit war, mißt es nun in der Breite ungefähr 39 Zoll (ca. 99 cm). Offensichtlich wird der Diagonalreck in diesem durch Hitzebehandlung verdichteten Gewebe geringer. Eine sehr einfache Hitzebehandlung gehörte auch schon zur Endbehandlung der frühen Kunststofftuche. Bevor wir uns damit befassen, wie dieser Prozeß verfeinert wurde, wollen wir erst einmal das grundsätzliche Problem erörtern, das man mit dieser Verfahrensweise auszuschalten trachtete.

 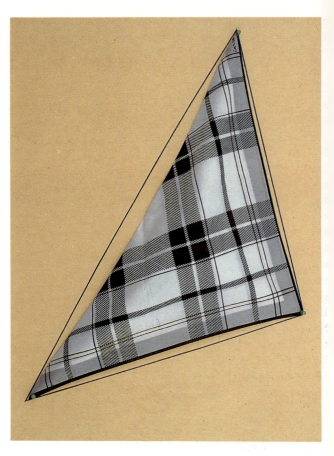

Das „Einfallen" zwischen den drei fixierten Ecken wird auf der rechten Seite sehr deutlich.

Die Dreiecksform der Segel

Wir nehmen wieder unser lose gewebtes Taschentuch, falten es jedoch diesmal diagonal und erhalten damit annähernd die Dreiecksform des Segels; an Kopf, Hals und Schothorn befestigen wir das Tuch auf seinem Untergrund. Führen wir jetzt durch ein Loch in dem Brett unterhalb des Dreiecks eine Kraft ein, die auf seinen Mittelpunkt wirkt – ungefähr dort, wo auch in der Realität der Segeldruckpunkt liegt –, so werden zwei Dinge deutlich.

Zunächst biegen sich alle drei nicht befestigten Kanten nach innen zu dem Punkt hin, an dem die Kraft angreift. Beim Versuch, ein dreieckiges Segel herzustellen, das seine Form hält, muß der Segelmacher darauf hinarbeiten, dieses Einwärtsbiegen der Kanten zu unterbinden. Auch für den Segler ist das eine wichtige Lektion, um die Arbeitsweise von Segeln besser zu verstehen.

Dann vergleiche man den Grad des Einfallens zum Zentrum hin zwischen der Diagonalen (Vorliek) und den Kanten, die parallel mit Kette und Schuß liegen. Dies ist ein weiteres einfaches Beispiel für die relative Widerstandsschwäche gegenüber Reck in der Diagonalen, verglichen mit Reck in der Laufrichtung von Kette und Schuß.

Frühe Kunststofftuche

Die ersten Kunststoffsegel waren im Grunde ihren Vorgängern aus Baumwolle sehr ähnlich. Tatsächlich kann man die Elemente des Entwurfs bis zur Jahrhundertwende zurückverfolgen. Wie heute so oft, führten erst die Ansprüche der Regattasegler zum Fortschritt.

Die Segelmacher Ratsey und Lapthorn in Cowes begriffen zuerst, daß die Schußgarne in einem Tuch einen größeren Dehnungswiderstand besitzen als die Kettgarne. Bis dahin wurden die Bahnen parallel zum Achterliek des Segels vernäht, so daß die schwächeren Nähte auf der Linie stärksten Zugs lagen. Indem man nun die Bahnen in einem Winkel von 90 Grad zum Achterliek vernähte und

Eine Slup mit Segeln im Vertikalschnitt. Die Bahnen, Kettgarne und Nähte verliefen alle entlang dem stark belasteten Achterliek.

damit die stabileren Schußfäden zwischen Kopf und Schothorn lagen, erreichte man einen Durchbruch in der Kontrolle des Achterlieks.

Mit der Einführung von Kunststofftuchen änderte sich zunächst einmal wenig. Unbeeinflußt durch die Webart hielt man an der traditionellen Anordnung der Bahnen im Segel fest.

Beim Großsegel, das an Vor- und Unterliek durch Spieren gehalten wird, wurden die Schußfäden parallel zum stärker beanspruchten Achterliek ausgelegt. Bei Vorsegeln, die nur am Vorliek gehalten werden, kamen die Schußgarne sowohl parallel zum Unter- wie zum Achterliek zu liegen. Die Bahnen treffen sich dann an einer Mittellinie, die ungefähr den Winkel am Schothorn halbiert. Dabei entsteht ein neues Problem, da die Bahnen an der Mittellinie diagonal aufeinander treffen, so daß sich das Tuch dort natürlicherweise stärker dehnt und zusammenzieht als an den Kanten. Die Kunstfertigkeit, mit der der Segelmacher diese Mittellinie zuschnitt, um dem Reck entgegenzuwirken, war eines der wichtigsten Kriterien, nach denen er beurteilt wurde. Als Mitte der 60er Jahre die Segeltuch-Designer einen Einfluß auszuüben begannen, begriff man allmählich, daß man den Punkt der größten Wölbung in einem Segel beherrschen konnte, indem man sich die Besonderheiten des Diagonalrecks, mit dem sich die Segelmacher bis dahin nur herumgeplagt hatten, zunutze machte.

Bei einem diagonal geschnittenen Segel treffen die Bahnen an der Mittelnaht schräg aufeinander, was vom Segelmacher große Kunstfertigkeit bei Zuschnitt und Vernähen verlangt. Foto: Colloryan

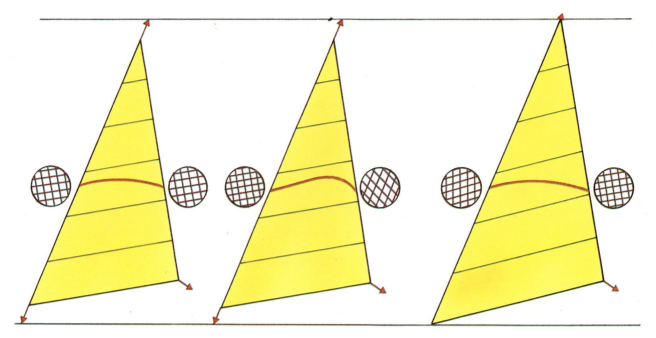

Links ist das Tuch in allen Richtungen gleich stark beansprucht. In der Mitte hat auffrischender Wind die Wölbung nach achtern geblasen und dabei das rechteckige Gewebe im Bereich des Achterlieks verzogen. Rechts ist durch Strecken des Vorlieks die Wölbung wieder nach vorne ins Zentrum des Segels gewandert, so daß es vom Wind erneut gleichmäßig gereckt wird; am Vorliek ist das Gewebe durch das Strecken leicht verzogen.

Im heute üblichen Vorsegelschnitt sind die Bahnen genauso ausgelegt wie bei dem besser gehaltenen Großsegel. Foto: Alastair Black/North Sails ▶

Bis dahin hatten alle Vorsegel ein Vorliek aus Draht. Durch das Härten des Vorlieks erreichte man die Wölbung, die der Segeldesigner entworfen hatte. Bei auffrischendem oder nachlassendem Wind mußte dieses Vorsegel durch ein flacheres oder volleres ersetzt werden. Zur Kontrolle des tiefsten Punkts der Wölbung gab es außer der fragwürdigen Festigkeit des Tuchs selbst keine andere Möglichkeit. Als man dann das Drahtliek durch ein starkes Kunststoffband ersetzte, begriff man, daß man mit der Spannung zwischen Kopf und Hals entlang des Vorlieks die Spannung durch die Schot, die den Winkel am Schothorn halbiert, ausbalancieren konnte. Der Diagonalreck im Segel, aber besonders am Vorliek, konnte jetzt ausgenutzt werden, indem man das Segel bei auffrischendem Wind abflachte und damit – was genauso wichtig ist – den Punkt der tiefsten Wölbung im Tragflügelprofil kontrollierte.

Während beim Drahtliek die Form des fliegenden Segels eher ein Zufallsprodukt aus den Kräften im Segel und den es haltenden Kräften war, wurde jetzt ein dritter Faktor eingeführt. Mit Geschick und der Kraft der Winden konnte der Segler nun in das Kräfteverhältnis eingreifen und die für den Augenblick am besten geeignete Form herstellen. Infolgedessen mußte man weniger Segel mitführen, da jedes Segel auf ein breiteres Spektrum von Windgeschwindigkeiten eingestellt werden konnte. Dafür tauchte nun in den Regattaflotten jener exotische Spezialist auf, den man Segeltrimmer nennt.

Noch heute gibt es viele Segel, bei denen man sich in punkto Wirksamkeit allein auf diesen Balanceakt verläßt. Das Fehlen eingebauter Stabilität im Tuch selbst macht es erforderlich, die richtige Segelform für jede Windgeschwindigkeit durch das Ausbalancieren der Kräfte zwischen Kopf und Hals einerseits und Schothorn andererseits einzustellen – was in der Tat ein Fulltimejob für einen Spezialisten ist.

Füllmaterialien

Inzwischen war jedoch vor allem in der Jollen-Szene die Sache durch Bemühungen der Segeltuch-Hersteller in Bewegung geraten. Indem sie ein Füllmaterial auf das gewebte Tuch aufbrachten, konnten sie die Bewegung zwischen den Garnen und damit zugleich auch den Diagonalreck vermindern, so daß relativ leichte Vorsegel für flachgehende Boote mit geringer Verdrängung genauso geschnitten werden konnten wie Großsegel. Auch dabei war das Vorsegel im Unterschied zum Großsegel nur an einer Seite, am Vorstag, fest angeschlagen. Die Vorteile für den Segelmacher, der jetzt die Mittelnaht weglassen konnte, waren offensichtlich. Allerdings gab es mit den ersten Füllmaterialien zunächst Probleme, weil sie schnell wegbrachen und dann das ungeschützte Tuch übrigließen; außerdem waren die beschichteten Tuche ziemlich steif und dadurch schlecht zu handhaben und zu verstauen. Dieses Argument war so zwingend, daß ein größerer Segelmacher sich viele Jahre lang gegen die Entwicklung steifer Tuche wehrte, indem er die Bahnen seines unbeschichteten „weichen" Tuchs verschmälerte, um die Benutzerfreundlichkeit seines Produkts zu erhöhen. Zu dieser Zeit fand das Argument der dichter gewebten schmaleren Bahn viele Fürsprecher auf den Regattabahnen. Doch in den Laboratorien bahnte sich schon ein weiterer Durchbruch an.

Imprägnierung

Die chemische Forschung in der Segeltuchbearbeitung machte so große

Die schmalen Bahnen eines Hood-Vorsegels sind aus weichem, unbeschichtetem Tuch.

Fortschritte, daß Kunststofftuch zum praktikablen Material für alle diagonalgeschnittenen Segel werden konnte. Der einfache Erhitzungsprozeß wurde in eine Reihe immer heißerer Stufen zerlegt, womit man eine bessere Kontrolle des Endprodukts erreichte. Eine weitere Verfeinerung war die Imprägnierung. Das Tuch wird dabei in eine Melamin-Lösung getaucht, die in ihrer chemischen Struktur dem Garn gleicht. Beim Erhitzen verschmelzen die Kunststoffgarne und das Melamin. Die Moleküle beider gehen eine Verbindung ein und bilden eine dauerhaftere und dehnungsresistentere Faser.

Im Unterschied zu den früheren Beschichtungen legt sich die Melamin-Imprägnierung nicht wie eine Zementhaut um das Gewebe; sie beeinträchtigt auch nicht die Durchlässigkeit des Tuchs, indem sie die Freiräume zwischen den Fasern füllt.

Das Dehnungsverhältnis zwischen Kette und Schuß bleibt das gleiche wie ursprünglich entworfen. Da jedoch Reck in jede Richtung proportional reduziert wurde, hat sich der Diagonalreck dank des stärkeren, dichteren und stabileren Gewebes um ein Mehrfaches vermindert. Die Melamin-Imprägnierung macht das Tuch auch nur unwesentlich schwerer. Umgekehrt kann der Tuchhersteller wegen der erhöhten Festigkeit leichtere Garne verwenden.

Beschichtung

Mit der verbesserten Beschichtung kann der Diagonalreck im Tuch im Verhältnis zur Dehnung in Längs- und Querrichtung noch weiter reduziert werden. Beim Beschichtungsprozeß läuft das Tuch durch ein Bad von Urethan-„Leim", der dann in das Tuch gepreßt wird, indem es über ein schweres Stahlmesser geführt wird. Unter Zuführung von Hitze leimt die Beschichtung das Gewebe ineinander. Dies ist als Tempern des Garns bekannt, ein Begriff, der ursprünglich in der Firma Bainbridge entstand, nun aber zur Fachsprache aller Segelmacher gehört. Die Beschichtung versiegelt vor allem die Kettgarne und reduziert dadurch den Diagonalreck drastisch. Sie füllt auch die kleinen Lücken zwischen den sich überkreuzenden Garnen und verleiht dem Tuch ein weiches Finish.

Ein solcherart behandeltes Tuch kennzeichnet heute – soweit von gewebtem Tuch die Rede ist – den Endpunkt der Entwicklung, die darauf abzielte, das Verziehen der „fliegenden Form" des Segels durch die Kräfte des Windes in den Griff zu bekommen. Da nun der Reck in der Diagonalen fast so gering ist wie die Dehnung in Richtung der Schußgarne, kann der Segelmacher ein Segel herstellen, das seine eingegebene Form hält, ohne

Das gleiche Dacron-Gewebe wie zuvor, jetzt jedoch mit getempertem Finish. Das „Weiche" in den Zwischenräumen ist die Melamin-Beschichtung.

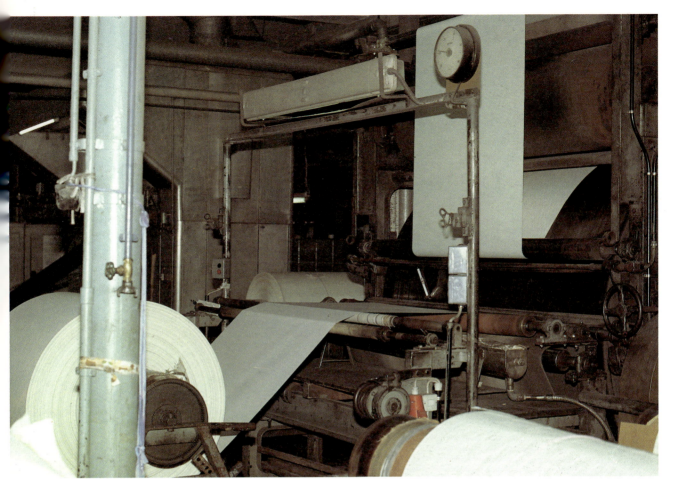

daß die Zugkräfte ständig neu ausbalanciert werden müssen. Andererseits verlangt das dichte Finish eine sorgfältige Behandlung des Segels. Außerdem hängt die ausgezeichnete Stabilität in gewissem Maße davon ab, daß die Beschichtung nicht beschädigt wird, die doch weniger elastisch ist als die Kunststoffbasis der Garne. Wird das Tuch erst einmal übermäßig gedehnt, bricht die Beschichtung, und dann ist das Segel eigentlich nutzlos geworden.

Das Kalandern

Da zwischen beiden Seiten des Segels ein Druckunterschied besteht und infolgedessen die Luft vom hohen zum niedrigeren Druck durch das Segel zu dringen versucht, ist die Porosität des Tuchs ebenfalls von gewisser Bedeutung. Die Hauptwaffe des Tuchherstellers gegen diese Porosität ist das Kalandern, wobei das Tuch zwischen riesigen geheizten Stahlwalzen hindurchgeführt wird, die unter tonnenschwerem Druck das Gewebe glätten und die Lücken zwischen den Garnen versiegeln. Das Kalandern spielt auch eine Rolle beim weiteren Dichten des Gewebes, da dabei jedes einzelne Garn flach und breit gebügelt wird. Das gibt dem Tuch eine gewisse Weichheit und Glätte, die es angenehm handig macht, aber höchstwahrscheinlich wenig zur Erzeugung einer laminaren oder turbulenten anliegen-

Die riesige Walze rechts im Bild gibt eine Vorstellung von dem Druck, der während des Kalanderns auf das Tuch ausgeübt wird.

den Strömung über der Segeloberfläche, die für den Auftrieb verantwortlich ist, beiträgt.

So können vom einfachen, hitzebehandelten Kunststoffsegel der Anfangszeit über das Imprägnieren bis zum Tempern zwei Pfade verfolgt werden. Das Tuch fühlt sich härter und steifer an, wenn das Dehnungsverhältnis von Diagonale zu Schuß reduziert wird. Einfach ausgedrückt ist ein harzfreies Tuch weich in der Hand, leicht zu verstauen und nicht so rasch verformt, wenn es stärkeren Winden ausgesetzt wird, muß aber, wenn es

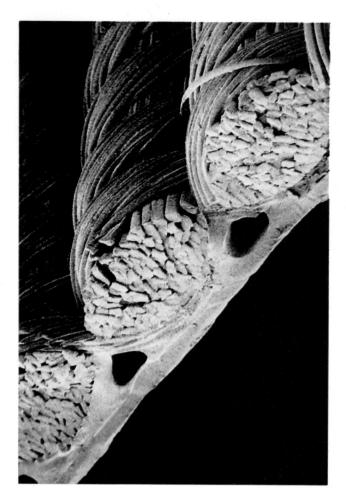

Links in 80facher Vergrößerung ein Querschnitt durch ein Kevlar/Dacron-Laminat. Film und Kleber sind unter dem gewebten Substrat sichtbar. Rechts sind die massiven Kevlar-Kettgarn a diesem Laminat für Vertikalschnitt deutlich zu erkennen. Die Schußgarne aus Dacron halten sie eigentlich nur in ihrer Richtung fest.

immer richtig stehen soll, beständig nachgetrimmt werden. Auf der anderen Seite der Skala ist das Tuch aus getempertem Garn sehr steif in der Hand, muß beim Stauen gefaltet oder sogar gerollt werden; es reckt sich bei höheren Windstärken irreversibel, hat jedoch den Vorteil, daß es genau die Form hält, die der Segeldesigner entworfen hat. Sogar bei vorsichtigster Behandlung ist seine Lebensdauer auf Monate beschränkt, während das harzfreie Segel durchaus Jahre hält. Zwischen beiden steht das imprägnierte Tuch mit einer Vielzahl von Dichtheits- und Dehnungsvarianten, die jeweils von der Web- und Bearbeitungsformel abhängen.

Mylar

Der Dehnungswert in der Diagonalen hängt also bei einem gewebten Tuch (a) von der Dichtheit des Gewebes und (b) von dem Grad der Endbearbeitung ab. Doch wie dicht gewebt und wie stark bearbeitet das Tuch auch ist, der Diagonalreck wird immer noch größer sein als der in den Primärrichtungen der Garne.

Schon Ende der 60er Jahre führten die frustrierenden Erfahrungen der Segelmacher im Umgang mit dem Diagonalreck zu Experimenten mit einem Material, das dem Polyester chemisch sehr ähnlich, jedoch physikalisch ganz anders ist. Während Dacron sein Leben als dünner Faden aus in einer Richtung aufgereihten Molekülen beginnt, ist das neue Material, Mylar, eine Art Film, dessen Moleküle gleichmäßig in alle Richtungen orientiert sind. Sein Dehnungswiderstand ist deshalb in Längs- und Querrichtung der Bahn, aber auch in diagonaler Richtung immer gleich.

Bei den ersten experimentellen Mylar-Segeln war einfach nur der Film an die Stelle des gewebten Tuchs getreten. Doch wurden bald schon Schwierigkeiten sichtbar. Der Film riß allzu leicht ein, besonders an den Löchern, die die Nähmaschinen beim Zusammenfügen der Bahnen hinterließen. Für den Segeldesigner war jedoch die Erfahrung noch wichtiger, daß die gleiche Dehnung in alle Richtungen, das besondere Charakteristikum des Films, mehr Probleme verursachte als löste.

Trotz des Anspruchs der Segelmacher, den Diagonalreck zu reduzieren, muß nämlich ein dreieckiges Segel, das gegen die einwirkenden Kräfte seine Form behalten soll, ein gewisses Maß an Diagonalreck haben. Bei Segeln aus reinem Mylar-Film gab es beispielsweise keine Möglichkeit, die Wölbung im Segel zu kontrollieren oder gar zu verändern.

Laminate

Die Antwort lag in der Verbindung der Vorzüge des gewebten Tuchs und des Films, indem man beide aufeinander laminierte. Man hat mit zahllosen Variationen dieser Laminate experimentiert. Der Vorteil liegt vor allem darin, daß das so gewebte Tuch oder „Substrat", wie es auch genannt wird, bei gleicher Windstärke sehr viel leichter sein kann als ein Segel, das nur aus gewebtem Tuch hergestellt wird. Schwierig ist andererseits das Zusammenfügen der Materialien für eine Zeit, die der Lebensdauer konventionell gewebten Tuchs auch nur ungefähr gleichkommt.

Jedenfalls kann man das gewebte Substrat mit genauso unterschiedlichen Eigenschaften herstellen wie Tuche für konventionelle gewebte Segel – wobei noch am auffälligsten die starke Verwendung von Füllmaterialien bei für Laminate vorgesehenen Tuchen ist, besonders in Bereichen, in denen Diagonalschnitt und extreme Beanspruchung (Achterliek des Großsegels) aufeinander treffen. Manche der exotischen Laminate, die auf Regat-

Das Foto dieser Laminiermaschine gibt eine Vorstellung davon, warum Segel aus diesen Materialien so teuer sind. Mit Kleber beschichtetes Gewebesubstrat kommt aus dem brückenähnlichen Erhitzungstunnel und wird dann mit dem Laminat von der Walze im Vordergrund zusammengefügt. Foto: Hays Technology Systems/Dixon

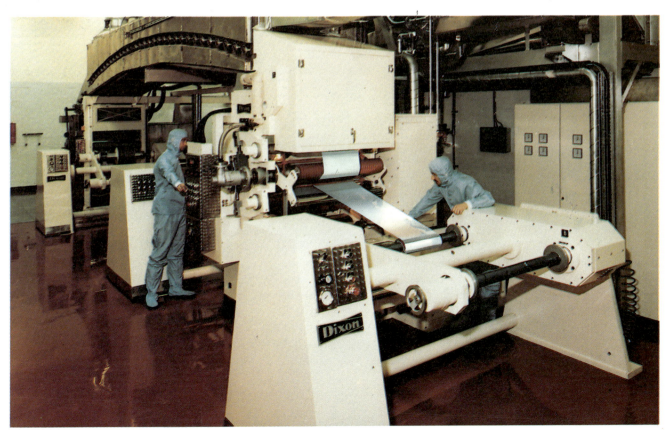

Die Abbildung zeigt das viel offenere Gewebe aus Dacron-Substrat für Bainbridge's Powerweave-Laminat im gleichen Maßstab wie die vorherigen Dacron-Gewebe. Rechts (in nur 10facher Vergrößerung) das offene Kevlar-Dacron-Gewebe eines Dreifach-Laminats derselben Firma. Der Kleber, der die Laminate miteinander verbindet, glitzert zwischen den Garnen hindurch.

tayachten anzutreffen sind, haben sogar im Substrat Polyester durch andere Garne ersetzt, um das Laminat in einer Richtung zu verstärken. Kevlar ist eines dieser Garne, das vor allem in Bereichen sehr starken Zugs verwendet wird; Spectra heißt ein anderes.

Die Techniken der Laminierung von Mylar auf seine Substrate sind streng gehütete Geheimnisse. Das hängt damit zusammen, daß jeder der Tuchhersteller auf individuelle Weise mit der Tendenz des Mylar-Films fertiggeworden zu sein glaubt, sich vom Substrat zu lösen.

Die frühen Laminate waren wegen des Klebers, der die Verbindung herstellen sollte, ziemlich steif geworden. Die Entwicklung weicherer und länger haltender Mylar-Laminate wurde vor allem durch bessere Kleber gefördert, die unter Hitze- und Druckentwicklung eine starke und biegsame chemische Verbindung eingehen; damit gleicht der gegenwärtige Fabrikationsprozeß ein wenig dem Aufbringen von Furnieren in der Möbelindustrie.

Wie auch immer die jeweilige Geheimformel der Produktion lauten mag, viele halten Laminate für das Segeltuch der Zukunft, und das nicht allein für Regattasegler. Indem der Diagonalreck mit Hilfe des Mylar-Films beherrschbar wird, kann sich der Segeltuchfabrikant auf den Entwurf weniger komplizierter und viel leichterer Segeltuche konzentrieren und damit den speziellen Wünschen des Segelmachers entgegenkommen. Jetzt liegt es beim Segelmacher, die verschiedenen Ergebnisse in der Tuchherstellung für die Formung seiner Segel nutzbar zu machen.

Immer häufiger sind die dunkelgelben Bahnen des Kevlar-Laminats zu sehen, das die Achterlieken von Vor- und Großsegeln verstärkt.

Herstellung der Segel

Die Aufgabe des Segelmachers ist es, aus flachgewebtem Tuch die dreidimensionale Form herzustellen, die aerodynamisch wirksam ist. Das ist eine Aufgabe, die man leichter beschreiben als ausführen kann.

Zunächst wiederholen wir noch einmal kurz die Probleme, soweit sie bisher angesprochen wurden, und leiten daraus die Ziele ab, die der Segelmacher vor Augen hat.

Tuch verzieht sich unter Krafteinwirkung, und die auf ein arbeitendes Segel einwirkenden Kräfte ändern sich beständig. Auch wenn der Segelmacher eine perfekte Form herstellen könnte, würde sie sich unter Krafteinwirkung doch verziehen. Vom Beginn, nämlich von der Dehnungsfähigkeit des einzelnen Garns an, greifen alle Elemente zur Herstellung der „fliegenden Form" des Segels ineinander. Deshalb ist es nun an der Zeit, jene dreidimensionale Form etwas genauer zu betrachten.

Zwei Dimensionen sind leicht einsehbar. Jedes Segel hat Höhe und Länge, die Dimensionen der Fläche. Die dritte Dimension ist die Tiefe oder Wölbung des Segels. Und diese Dimension erzeugt, wie schon erläutert, den Auftrieb und zugleich sehr viel Widerstand. Die Tiefe eines Segels wird an jedem Punkt in seiner Höhe als Verhältnis zwischen der horizontalen Linie über das Segel, auch als Sehne bekannt, und dem tiefsten Punkt der Wölbung gemessen; dabei verändert sich diese Tiefe vom Kopf zum Unterliek beständig. Das Verhältnis von Tiefe zu Sehne wird meist in Prozent ausgedrückt; es ist für den Designer von Segeln eine Maßeinheit, um die aerodynamische Form in unterschiedlichen Höhen des Segeldreiecks auszudrücken. Eine andere ist der Punkt der größten Tiefe, gemessen auf der Sehne.

So kann eine große Genua beispielsweise ein Verhältnis von 17 Prozent Tiefe zu Sehne auf ein Drittel Höhe vom Segelkopf haben, verglichen mit nur 15 Prozent bei dem flacheren Großsegel, das in ihrem Abwind arbeitet. Eine schmalere Schwerwettergenua könnte an der gleichen Stelle vielleicht nur 14 Prozent haben. Der Punkt der größten Tiefe sollte bei allen nicht achterlicher als 50 Prozent liegen, und – wie sich bei der Erörterung der Vorsegel noch zeigen wird – bei stärkeren Winden und rauherem Seegang beträchtlich weiter vorne.

Verwindung

Hat der Wind das Segel gefüllt, bleiben die Sehnen nicht alle auf der gleichen Ebene. Sehnen, die vom Haltepunkt, von der Schot also, weiter entfernt sind, werden sich zunehmend nach Lee verwinden. Über die Notwendigkeit dieser Verwindung haben sich viele schon Gedanken gemacht; wir werden darauf bei der Beschreibung des Großsegels zurückkommen. Gemeinsam ist jedoch allen Theorien, daß sie beim Entwurf des Segels eingerechnet werden muß, und sei es nur, um sicher zu gehen, daß bei korrekt gesetztem Vorliek die Windströmung am Achterliek auf die wirksamste Weise abfließen kann. In den Entwurf des Segels wird die Verwindung eingearbeitet, indem man zum Kopf des Segels hin den Winkel der Sehnen zur Mittschiffslinie allmählich vergrößert.

Das horizontale oder Sehnenmaß (a) und der Punkt der größten Wölbungstiefe (b).

Foto: Rick Tomlinson/PPL

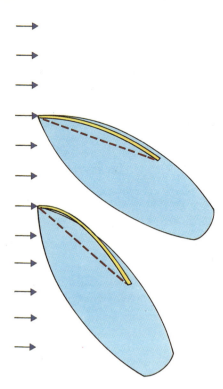

Bei einem feinen Winkel der Anschnittkante kann das Boot höher an den Wind gehen. Ist der Winkel größer (unten), wird jedoch das Segel bei rauherer See nicht so leicht gedrosselt.

Der Winkel der Anschnittkante

Sowohl das Verhältnis von Tiefe zu Sehne wie auch der Punkt der größten Tiefe auf der Sehne sind von Bedeutung für den Grad der Wölbung an der so überaus wichtigen Anschnittkante (auch: Anströmkante) des Segels. Mehr noch bei einem Vorsegel als beim Großsegel, dessen Kante vom Mast abgedeckt wird, wird an dieser Stelle die aerodynamische Kraft für das gesamte Segel geformt.

Bei einem flachen oder engen Eingang wird das Boot höher an den scheinbaren Wind gehen können; doch weil die maximale Kraftentfaltung verhältnismäßig weit achtern sitzt, erhöht sich der Widerstand und ebenso die Gefahr gedrosselter Strömung auf der leeseitigen Oberfläche. Ein flacher Eingang vergibt keine Fehler.

Ein runderer Eingang erlaubt zwar nicht, daß das Boot so hoch an den Wind geht, bedeutet jedoch, daß die größte Wölbungstiefe vorne liegt, was den Auftrieb verstärkt und den Widerstand im flacheren Achterliekbereich vermindert. Weil das Segel nicht so leicht gedrosselt wird, muß der Rudergänger auch nicht so genau steuern. Segel mit vollerem oder runderem Eingang zeigen ihre Qualitäten vor allem bei stärkerem Wind und in rauherer See, wo das genaue Kurshalten ohnehin schwierig ist.

Man sieht also die Notwendigkeit eines gewissen Diagonalrecks zum Trimmen der größten Wölbungstiefe bei allen Segeln, auch bei Segeln aus den festesten Materialien. In der Vergangenheit blieb das Formen des instabilen Tuchs im wesentlichen der Geschicklichkeit und dem Einsatzwillen des Seglers überlassen. Heute verlangen die Materialien, daß sich schon der Designer darüber Gedanken macht, wie er vom Beginn an solche Verfeinerungen in das Segel einbaut.

Segelentwurf heute

Will man verstehen, wie der Segeldesigner mit den komplexen Problemen der Geometrie bei der Herstellung einer „fliegenden Form" zurechtkommt, muß man das Problem in seine Bestandteile aufbrechen. Einerseits hat er es mit der Aerodynamik der wirksamen Form zu tun und andererseits mit den strukturellen Beschränkungen des Materials, aus dem er diese Form entwickeln muß.

Das Grundproblem ist, daß beide voneinander abhängen. Es ist ähnlich wie bei einer Seifenblase, die nur solange besteht, wie ein Gleichgewicht zwischen der Oberflächenspannung und dem Druckunterschied innen und außen existiert. Ähnlich ist die Form des Segels ein Gleichgewicht zwischen Druck und Oberflächenspannung, was in der Theorie durch die Anwendung einer sogenannten Membran-Gleichung mathematisch dargestellt werden könnte. Wenn Last auf das Segel kommt, ändern sich die Zugkräfte in ihm, was die Form ändert, was wiederum den Druck oder die Last verändert usw. Wollte man dieses Problem lösen, müßte man wissen, welche Drücke aerodynamisch am Segel entwickelt werden, und welchen Zugkräften es sowohl im Innern wie an den Kanten ausgesetzt ist. Leider gibt es bis jetzt keine vollständigen Antworten dafür.

Einige der aerodynamischen Antworten fand man in der Auftriebsforschung der Luftfahrtindustrie Ende der 60er Jahre; ebenso einige der Zug-Druck-Faktoren durch Berechnungen und Druckmeßgeräte. Das daher stammende Wissen hat den Segelmacher in den letzten eineinhalb Jahrzehnten vom Handwerker zum Computer-Programmierer verändert.

Dennoch verdankt das Segeldesign immer noch ebensoviel der empirischen Erfahrung auf dem Wasser wie der mathematischen Theorie. Zwar preist die Werbung den Computer als Vater des perfekten Segels an, doch seine Grenzen werden immer wieder deutlich. Ein gutes Beispiel dafür erlebten die Australier, die Segelgeschichte schrieben, als sie 1983 den America's Cup erkämpften. Skipper

Beim America's Cup 1987 waren auf den Kookaburras kleine Videokameras in den Masten installiert, deren Bilder direkt in einen Computer gespeist wurden, der die Segel bewerten konnte. Die breiten Wölbungsstreifen ermöglichen den Kameras, die Segelform „abzulesen". Foto: Nick Rains/ PPL

Ein guter Segelmacher muß wissen, was auf dem Wasser schnell und was falsch ist. Fotos sind immer noch das beste Mittel, die „fliegende Form" später auf dem Schnürboden zu analysieren.

John Bertrand, selbst Segelmacher und Ingenieur, erzählt, daß sie während der Vorbereitungen und vor Newport laufend ihre Segel fotografierten. Die Fotos verglichen sie mit Computer-Ausdrucken von Bootsgeschwindigkeit und Windverhältnissen. Jeden Abend brüteten sie über den Aufzeichnungen, brachten sie mit den Eindrücken der Segler vom Regattatag auf einen Nenner und schnitten noch in der Nacht die Segel um.

Natürlich gab man alle Details für zukünftige neue Segel in den Computer ein; dies ist aber ein klassisches Beispiel dafür, wie man sich trotz fortgeschrittener Theorie, Computereinsatz und fast unbeschränkten Geldmitteln schließlich doch auf den empirischen Zugang verließ. Genauso verhält sich heute jeder Segelmacher, indem er auf das hört, was seine eigenen Mitarbeiter und anerkannt schnelle Segler über jedes Segel zu sagen haben, wenn sie vom Wasser kommen.

Doch, Hand aufs Herz: Kein einziger Segelmacher auf der ganzen Welt würde heute zu sagen wagen: „Für dieses Boot, bei dieser Windgeschwindigkeit, bei diesem Seegang ist dies die beste Segelform – und wir stellen sie auf diese und keine andere Weise her." Die großen internationalen Segelmachereien können – hauptsächlich wegen ihrer größeren Mittel und ihrer Forschungs- und Entwicklungsprogramme – vielleicht gerade sagen: „Wir können mathematische Methoden und Computer zur Herstellung konsequenter Segelformen benutzen. So können wir eine Datensammlung aufbauen, mit deren Hilfe wir eine theoretisch auf dem Wasser bessere Segelform entwickeln werden."

Das mag wie Werbung für die großen Segelmacher klingen, ist es aber nicht notwendigerweise. Die Vorzüge kleinerer, freundlicher und weniger technologisch orientierter regionaler Segelmacher sind bekannt, ebenso ihre Fähigkeit, besonders für Boote, die sie gut kennen, oft schnellere Segel als die der großen Namen herzustellen. Wissenschaftlich liegen die großen dennoch vorn.

Kraftlinien

Empirische Methoden können auch ein Licht werfen auf die Zugkräfte, denen ein Segel, besonders in der Innenfläche, ausgesetzt ist. Meßgeräte

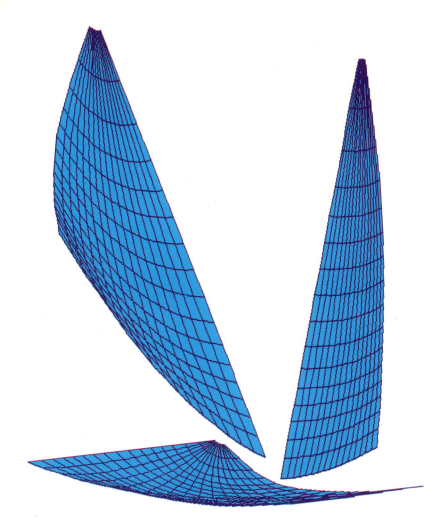

Mit Hilfe des Computers kann man jede Segelform aus jedem Blickwinkel betrachten. Das ist von unschätzbarem Wert, um alle Variablen eines Segels in den Entwurf einzubeziehen. Foto: Island Computer Systems, Cowes

Eine typische Karte der Kraftlinien eines hochgeschnittenen Vorsegels. Jeder rote Strich oder jedes Kreuz stellt den Grad und die Richtung der Kraft für Kett- und/oder Schußgarne dar.

an Schothorn und Hals registrieren nicht nur den Zug an diesen Punkten; koordiniert mit Fotos des gesamten Segels können sie auch einen Weg zum Verständnis der Druckkräfte in der Segelinnenfläche weisen. Das Ziel ist zu verstehen, was bei der einfachen Demonstration mit dem dreieckig gefalteten Taschentuch vor sich ging, und das in computergeeignete Zahlenwerte zu übertragen.

Schon jahrelang war es vollständig klar, daß an einem Großsegel zum Beispiel die größten Kräfte zwischen Kopf und Schothorn auftreten. Man versuche nur einmal, das Achterliek eines dichtgeholten Großsegels einzudrücken und dann das Vorliek. Zwischen der Spannung in beiden besteht ein riesengroßer Unterschied.

Das reicht natürlich nicht. Das Ziel der Forschung ist es, einen Vergleich der Kräfte an jedem Punkt des gesamten Segels anzustellen, vom Bereich der höchsten bis zur schwächsten Krafteinwirkung — jener Stelle, die irgendwo nahe der Mitte des Segeldreiecks liegen muß, wo ein Loch im Segel eine perfekte Kreisform annehmen würde, ungestört von den von den Befestigungspunkten ausgehenden Zugkräften.

Für jede Variation in der Länge von Vor-, Achter- und Unterliek muß eine Karte der Kraftlinien anders aussehen, und ebenso muß eine solche Karte für ein schmales, hochgeschnittenes Großsegel anders aussehen als für eine niedriger geschnittene große Genua. Im Grunde jedoch sind die isostatischen Kraftlinien (die Linien gleicher Kräfte) ähnlich. Von jeder Ecke des Dreiecks fallen sie nach innen zum Zentrum.

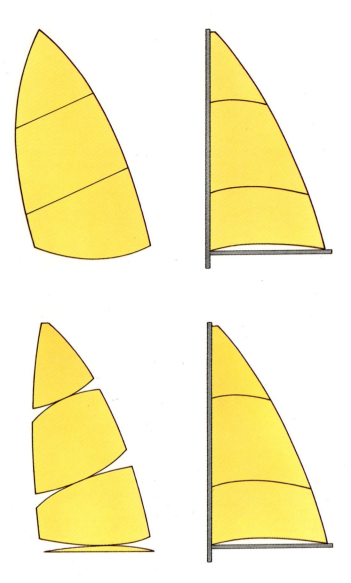

Die große Vorlieksrundung (oben links), ergibt, wenn sie an einem geraden Mast gesetzt wird (oben rechts), Wölbung im Segel. Das gleiche kann man mit überlappenden Nähten und einer weniger stark gerundeten Vorliekskurve erreichen (unten).

Kettenlinien

Die gekurvten Linien zwischen den Befestigungsecken mit den höchsten Zugkräften sind als Kettenlinien bekannt. Das Prinzip war schon lange berücksichtigt mit der hohlen oder konkaven Kurve des Vorsegel-Achterlieks. Wäre das Achterliek zwischen Kopf und Schothorn in gerader Linie geschnitten, würde ein Zug an der Schot nur eine härtere und geradere Liekkante produzieren ohne Wirkung auf den benachbarten Bereich des Segels – man würde das Segel nach Luv kanten. Durch die konkave Kurve zwischen Kopf und Schothorn zieht sich die Achterliekkante unter Zug nach achtern glatt, wobei sie das benachbarte Tuch mitnimmt und den gesamten Bereich flacher macht.

Genau das gleiche geschieht beim Großsegel, bei dem allerdings die Segellatten gestatten, statt der hohlen Linie eine nach außen gewölbte, also konvexe Form zu wählen, über die wir später noch sprechen werden. Großsegel ohne Segellatten müssen ein hohles Achterliek haben.

Die Unterlieks von Fock und Genua können ebenfalls hohlgeschnitten oder bei letzterer mit einer zusätzlichen Rundung versehen sein, während beim Großsegel fast immer eine zusätzliche Rundung eingebaut ist.

Vorliekskurve

Wenn der Segelmacher die Form seines Segels entwirft, muß er als letztes den Grad der zusätzlichen Rundung am Vorliek bedenken.

In den Zeiten weniger stabiler Tuche, wozu auch die frühen Kunststofftuche gehörten, wurde die Wölbung durch eine zusätzliche Rundung am Vorliek ins Segel gebracht. Setzte man das Segel an einem geraden Vorstag oder Mast, so fiel das zusätzliche Tuch zurück ins Segel und produzierte so die Wölbung zwischen Vor- und Achterliek. Tatsächlich hing eine glatte Wölbung vom Zusammenspiel zwischen dem Wind und der Beschaffenheit des Tuchs ab. Das brachte nicht allzuviel Gewinn, zumal das zusätzliche Tuch von der Rundung des Vorlieks vor allem im vorderen Teil des Segels steckte.

Als stabileres Tuch in Gebrauch kam, verwendete man mehr die Überlappung. Die Wölbung wird ins Segel eingebaut, indem man eine Reihe von Bahnen überlappen läßt; damit sitzt sie im Segel. Diese Technik hat die Notwendigkeit der zusätzlichen Rundung am Segel stark vermindert. Die schon erwähnte Unterlieksrundung gibt das gleiche Resultat an der unteren Kante des Großsegels. Wird es an einem geraden Baum gesetzt, so wird die Rundung ins Segel verdrängt.

Beim Berechnen der Vorlieksrundung für ein Vorsegel trifft der Segelentwerfer auf eine weitere Schwierigkeit. Unter Last wird bei einem durchhängenden Vorliek mehr Tuch in den Körper des Segels wandern und damit die Wölbung verstärken. Um dem entgegenzuwirken, muß er die Vorlieksrundung teilweise beschränken und eventuell sogar durch eine konkave Form ersetzen.

Das individuelle Segel

Dies sind also die numerischen Faktoren, die der Segelentwerfer bestimmen muß, bevor er eine dreidimensionale Form erhalten kann. Erinnern wir uns an dieser Stelle, daß mit Ausnahme jener Boote, bei denen die Segelabmessungen durch Klassenvorschriften festgelegt sind, bei den meisten Booten die Abmessungen variieren.

Außerdem muß der gute Segelmacher in die Rechnung einbeziehen, wie der Kunde sein Boot segeln wird: Ist es eine reine Fahrtenyacht, eine Yacht für die Round-the-World-Regatta, eine 12-Meter-Yacht oder liegt sie irgendwo dazwischen? Und natürlich spielt auch der Geldbeutel des Auftraggebers eine Rolle.

Aus all diesen Zutaten wird der Designcocktail gemixt.

Besonderheiten des Tuchs

Fest im Computer eingegeben ist jetzt bereits eine dreidimensionale Form, ausgedrückt durch Zahlenwerte – und damit beginnen wir vielleicht zu

▲ *Die Ergebnisse des Rechners werden über den Computer direkt in eine Grafik übertragen. Das Tuchmuster wird zwischen den beiden weißen, kistenähnlichen Backen im Vordergrund gereckt.*

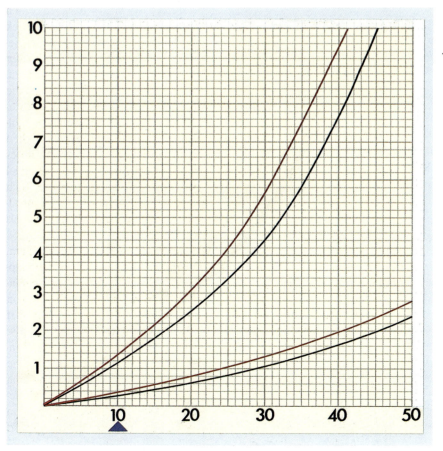

◀ *Typische Reck-Grafik eines Dacron-Tuchs. Die schwarzen Linien stellen ein jungfräuliches Tuchmuster unter Last dar. Die roten Linien zeigen ein ähnliches Tuch nach dem Auswehen. Das untere Linienpaar zeigt die Verlängerung in Schußrichtung und das obere Linienpaar in der Diagonalen. Die waagerechte Skala stellt die Belastung in pounds dar, die senkrechte Skala die Dehnung/Verlängerung in Prozent.*

begreifen, warum Segelmacher Computer lieben wie die Enten das Wasser. Damit man eine ungefähr passende „fliegende Form" erhält, müssen jetzt die Charakteristika des Tuchs hinzugefügt werden.

Wir wissen bereits, wie stark Tuch schon im Design variieren kann. Weniger deutlich ist vielleicht geworden, daß Tuch gleicher Spezifikation leider durch Abweichungen im Herstellungsprozeß ziemlich unterschiedliche Reckeigenschaften erhalten kann. Will der Segelmacher gleiche Segelabmessungen auf der Grundlage einer vorge-

Gemäß dem Aufriß auf dem Schnürboden wird die Fläche des Segels mit Tuchbahnen ausgelegt.

gebenen Form erreichen, muß er genau die Charakteristika des Tuchs, das er verwendet, kennen.

Die Auskunft erhält er durch eine Reihe von Tests, die mit jedem Ballen Segeltuch durchgeführt werden. Dabei erfährt er die Qualitäten dieses speziellen Ballens Tuch, aber auch und vor allem die Brauchbarkeit dieses Gewebes, dieser Endbearbeitung und dieses Tuchgewichts für ein bestimmtes Segel. In der Praxis werden diese Kriterien in das Computerdesign des Segels zu einem sehr frühen Zeitpunkt eingefüttert. In manchen Fällen sind sie sogar die Grundlage für eine spezielle Entwicklung. Mit den Grafiken aus dem Tuchtest läßt sich allerdings der Segelentwurf nur geringfügig verbessern; Segelmacher, die kein Interesse daran haben, damit zu arbeiten, werden jedoch von manchen Segeltuch-Herstellern der Nachlässigkeit beschuldigt.

Der Grundtest bestimmt den Reck und dessen Rückgang nach Wegnahme der Belastung. Dazu wird ein Tuchstreifen von 16 Zoll (40,6 cm) Länge und 2 Zoll (5,1 cm) Breite zwischen zwei Backen mit langsamer, aber gleichbleibender Geschwindigkeit auseinandergezogen. Der Reck in Schuß- und Diagonalrichtung wird fortlaufend durch einen Plotter aufgezeichnet. Wie die abgebildete Grafik zeigt, hat dieses 4.4-Unzen-Tuch (ca. 195 g/m²) mittlerer Güte bei einem Zug von 10 *pounds* in Schußrichtung einen Reck von 0,03 Zoll und in Diagonalrichtung von 0,12 Zoll. Man nennt es dann ein 3:12-Tuch. Ein getempertes Tuch kann einen so niedrigen Wert wie 2:4 erreichen. Wenn der Zug weiter zunimmt, wird schließlich ein Punkt erreicht, an dem das Tuch aufgibt und die Linie auf der Grafik scharf nach oben abweicht. Dies ist der Punkt, hinter dem sich das Tuch nicht erholen wird – seine Windgrenze ist tatsächlich überschritten. Übrigens stammt das Maß von 16 × 2 Zoll für das zu testende Tuch – so will es jedenfalls ein Gerücht – von Lowell North. Er war unzufrieden mit den Tuchunterschieden und setzte eine Reihe von Tests in Gang. Einer von ihnen bestand darin, Tuch erst im Wind flattern zu lassen, ehe es vorgereckt wurde. Dazu band er einen Streifen Tuch an seine Autoantenne, bevor er abends nach Hause fuhr; zusammen mit der Rückfahrt am nächsten Morgen brauchte er dafür 30 Minuten – und zufällig hatte der Tuchstreifen das Maß von 16 × 2 Zoll. Heute verlaufen die Tuchtests leider etwas weniger romantisch, dafür aber kontrollierter.

Der Linienriß

Sind alle mathematischen Variablen erst einmal in den Computer eingespeist und von ihm verdaut, so ergibt sich eine Liste von Zahlen – die Aufmaßtabelle –, die Längen in verschiedenen Stationen des Segeldreiecks entsprechen und mit deren Hilfe eine flache Form auf den Schnürboden gezeichnet werden kann.

Dies ist der Linienriß, der die Längen von Vor- und Unterliek einschließt und beim Vorsegel noch eine senkrechte Linie von einem Punkt auf dem Vorliek zum Schothorn. Auf bestimmten waagerechten Linien werden außerdem die Längen der Rundungen an Vor- und Achterliek eingetragen. Bei einem Großsegel kommen noch die Längen für die Unterlieksrundung hinzu.

Um diese Punkte herum wird dann mit Straklatten eine glatte Kurve gezogen, die dem Zuschneider anzeigt, wieviel Tuch er überstehen lassen muß, damit das Segel mit möglichst wenig Abfall hergestellt werden kann.

Auslegen der Bahnen

In den letzten Jahren sind auf der Suche nach stabileren Segelformen eine Reihe ausgefallener Schnitte entstanden. Doch werden immer noch 95 Prozent der Groß- und Vorsegel horizontal zugeschnitten, so daß die Schußgarne in Richtung der höchsten Last parallel zum Achterliek liegen. Senkrecht zu einer Linie zwischen Kopf und Schothorn wird das Tuch Bahn für Bahn ausgerollt, bis die gesamte, auf den Boden gezeichnete Fläche ausgefüllt ist.

Bevor das Tuch beim Segelmacher abgeliefert wurde, sind die Kanten durch Hitze oder Laserstrahl versiegelt worden; in gewissem Abstand von der Kante befindet sich eine Art Bortlinie. So kann der Segelmacher jede Bahn mit genauer Überlappung für die Naht auslegen. Über benachbarte Bahnen werden auf den Boden Bleistiftlinien gezeichnet, so daß sie im nächsten Stadium, beim Zusammenfügen der Bahnen, an der richtigen Stelle liegen.

Schablonen

Beim Entwurf der Segel für kleinere Klassen-Boote spielt der Computer auch eine Rolle; doch die Abmessungen sind zumeist von den Klassenvereinigungen streng vorgeschrieben. Für viele kann man sogar Muster vorrätig halten. Die geringen Variationsmöglichkeiten innerhalb der vorgegebenen Maße von Segeln der Kielboot-Klassen lassen sich im übrigen am besten auf dem Wasser testen. So halten Segelmacher Schablonen in voller Größe der Segelbahnen von vielen dieser Segeltypen vorrätig; eine Veränderung der Linien und Schnitte ist dann ein direktes Ergebnis der Beobachtung auf den Regattabahnen.

Solche Segel werden also nicht erst auf den Boden gezeichnet, sondern gleich nach den Schablonen zugeschnitten, die den Erfahrungsstand eines Segelmachers mit dieser bestimmten Klasse darstellen. Dabei ist es nicht einmal ungewöhnlich, daß ein guter Segelmacher über sechs verschiedene Schablonen für das Großsegel einer Klasse verfügt; sie variieren nach den Wind- und Seegangsverhältnissen, in denen das Boot zu segeln sein wird. Solche Schablonen beinhalten natürlich auch schon die Rundungen, die nach dem Zusammennähen die Wölbung im Segel ergeben.

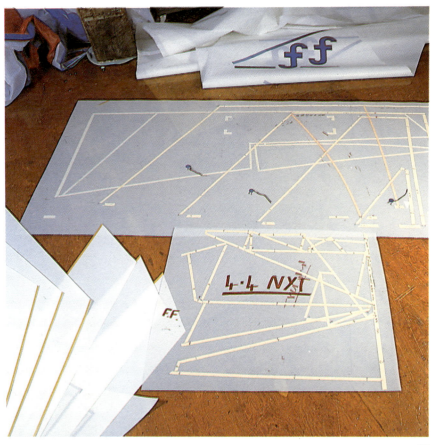

Für kleinere Kielboot-Segel hält der Segelmacher Schablonen für die einzelnen Bahnen bereit, die nach den Erfahrungen auf den Regattabahnen immer auf den neuesten Stand gebracht werden.

Überlappungen: Oben links wird die sich verjüngende Bahn mit doppelseitigem Klebeband abgeklebt. Oben rechts wird das überschüssige Tuch abgeschnitten. Und unten rechts werden zwei benachbarte Bahnen zum Zusammennähen aufeinander geklebt.

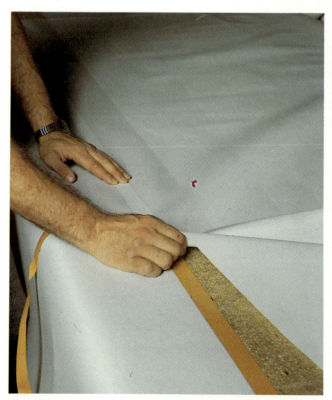

Überlappungen

Doch kehren wir zurück zu den auf dem Boden ausgelegten Bahnen! Am Anfang gingen Kunststoffsegel von hier aus direkt zum Zusammennähen. Die Nähte waren gerade, so daß die Wölbung des Endprodukts vollständig von dem zusätzlichen Tuch in der Vorlieksrundung abhing. Bei modernem Tuch wird die Wölbung durch zu Vor- und Achterliek auslaufende Überlappungen eingearbeitet. Diese Überlappung wird nach sehr genauen, im

Linienriß angegebenen Maßen von Hand ausgeführt.

Zunächst wird doppelseitiges Klebeband entlang jener Punkte, die beim Niederlegen des Linienrisses angezeichnet wurden, ausgelegt. Dann wird jede Bahn entlang dieser Linien zugeschnitten. Jetzt werden alle Bahnen, auch die nicht überlappenden, mit Klebeband aneinandergefügt, bevor sie zum Nähen gehen.

Bei einem laminierten Segel muß für diese Verbindung der Bahnen ein wesentlich stärkeres, doppelseitig klebendes Kunststoffband verwendet werden. Damit wird ein Problem der frühen Mylar-Segel überwunden, bei denen sich unter Last die Fäden an den Nähten oft verzogen. Das Band aus gewebtem Tuch zwischen den Mylar-Filmen verhindert das jetzt.

Computer-Schnitt

In dem bisher beschriebenen Produktionsprozeß ist der Computer nichts mehr als ein Hilfsmittel zum Segelentwurf. Die Herstellung der Segel selbst hat sich jedoch gegenüber den Zeiten Nelsons nur wenig gewandelt. Die Tuchbahnen werden ausgelegt, nach einer auf den Schnürboden gezeichneten Form zugeschnitten und danach zusammengenäht.

Doch die Zukunft ist schon gegenwärtig. Eine Zukunft, in der der Entwurf direkt vom Computer über einen Floppy-Disk zu einem automatischen Schneidetisch geht, der jede Bahn selbsttätig zuschneidet. Wie schnell sich diese computerunterstützte Herstellungsweise durchsetzen wird, ist eine andere Frage. Die Maschinen inklusive solch aufwendiger Geräte wie Laser-Schneider sind außerordentlich teuer und werden deshalb wohl noch für längere Zeit den großen internationalen Segelmachereien vorbehalten bleiben, bei denen sich solche Investitionen lohnen. Auch in der zweiten Hälfte der 80er Jahre werden Segel für Zwölfer mit ungewöhnlichen und hochkomplizierten Schnitten weiter wie zu Nelsons Zeiten auf dem Schnürboden zugeschnitten.

Die Nähte

In der konventionellen Segelmacherei ist das Segel, nachdem die Bahnen mit Klebeband miteinander verbunden sind, fertig zum Zusammennähen.

Die Notwendigkeit, die Bahnen trotz der sperrigen Tuchhaufen glatt zu ver-

Neue Computer-Schneidemaschinen arbeiten direkt nach dem Floppy-Disk des Designers. Sie schneiden jede Bahn automatisch zu, entweder mit einem schnell rotierenden Messer oder einem Laser-Strahl.

Diese Näherin in einer Filiale der Segelmacherei Hood näht Bahnen eines Vorsegels für eine 65-Fuß-Yacht aneinander.

In der oberen Reihe besteht jede Zacke aus sechs einzelnen Stichen. Bekannter sind die unteren, engen Zickzacknähte.

nähen, hat bei den Segelmachern manche Erfindungen hervorgebracht: Am Anfang standen Rolltische, die für kleinere Segel auch heute noch verwendet werden; in großen, modernen Segelmachereien hat man die Arbeitsplätze der Näher in den Schnürboden eingelassen, so daß das Segel in voller Größe flach auf dem Boden liegen kann. Effektivität ist nötig, besonders wenn man bedenkt, daß jede Naht möglicherweise drei- oder viermal durch die Nähmaschine laufen muß.

Eine Methode, Reck am schwer belasteten Achterliek zu reduzieren, besteht zum Beispiel darin, an jeder Bahn zwischen Kopf und Schothorn eine zusätzliche Lage Tuch anzubringen. Diese Zusatzlage wird mit den anderen Bahnen zusammen auf dem Schnürboden zugeschnitten. Die Naht eines solchen Großsegels für ein Boot

Das Vorliek wird nach einer strakenden Kurve zugeschnitten.

von 35 Fuß Länge besteht dann normalerweise aus vier Stichreihen durch sämtliche Tuchlagen; in der Mitte des Segels beschränkt sich dies auf drei Stichreihen und nahe dem Vorliek auf zwei. Dabei wird die enge Zickzack-Naht verwendet, die jedem Segler vertraut ist. In einer neueren Entwicklung bei großen Segeln bestehen jetzt „Zick" und „Zack" aus je drei einzelnen Stichen, statt wie früher aus einem. Damit benötigt man nur noch eine Naht, wo sonst mehrere Durchgänge nötig waren und das Ganze entsprechend steifer wurde. Die Segel sind also flexibler und handiger. Möglicherweise verringert sich sogar der Reibungswiderstand. Außerdem lassen sich die Nähte schneller und deshalb billiger nähen. Die neuen Maschinen sind allerdings recht teuer. Der Faden für die Nähte hat eine kontrastierende Farbe. Dies mag unwichtig erscheinen, hat aber zwei wesentliche Funktionen. So kann nämlich der Segelmacher und später der Segler rasch sehen, ob ein Faden angescheuert oder gebrochen ist; das ist wichtig, da die Fäden in Tuchen aus Kunststoff oder Laminaten nicht einsinken, so daß sie leicht schamfilen können. Außerdem kann man, wenn das Segel erst einmal gesetzt ist und zieht, an der kontrastierenden Farbe der Nähte leicht die Form der Wölbung erkennen.

Formen der Segelkanten

Das zusammengenähte Segel wird jetzt zum endgültigen Zuschneiden der drei Kanten wieder auf dem Boden ausgebreitet. Die wichtigste Kante ist das Vorliek, dessen Rundung eine so bedeutsame Rolle bei der dreidimensionalen Formung des Segels spielt.

Manchmal sind die richtigen Punkte für die Vorlieksrundung bereits aus der Computer-Aufmaßtabelle auf die jeweiligen Bahnen übertragen worden. Sonst werden sie jetzt ausgemessen und angezeichnet, auch bei Achter- und Unterliek. An diesen Punkten steckt man dann Pricker durchs Segel in den Boden. Darum wird eine Straklatte gebogen, damit eine schöne

An jeder Ecke des Segels werden Verstärkungen angebracht.

Kurve entsteht, bevor das überschüssige Tuch abgeschnitten wird.

In diesem Stadium werden üblicherweise die Verdopplungen und bei großen Segeln, wenn nötig, auch zusätzliche Verstärkungsbänder angebracht, die an den drei Ecken des Segels die dort angreifenden besonders starken Kräfte aufnehmen sollen.

Bei einem konventionellen Kunststoffsegel sind es nur dreieckig geformte Tuchlagen, die vom Schothorn nach oben hin immer kleiner werden; aber bei komplizierteren Schnitten und Materialien können es auch eine ganze Reihe sich radial überlagernder Streifen oder sogar in eine Richtung gehende Laminate sein. Ein Blick auf die Karte mit den Kraftlinien im Segel zeigt, wie sehr sich an den Ecken die Kräfte konzentrieren, denen die Verstärkungen entgegenwirken müssen, ohne den Rest des Segels zu verziehen.

Vorrecken

Die „fliegende Form" der meisten heute hergestellten Segel hängt in gewisser Weise von der Trimmbarkeit des Vorlieks und beim Großsegel auch des Unterlieks ab. Wie auch immer sie am Rigg befestigt sind, durch Stagreiter, Rutscher oder Liektau, notwendig ist ein starkes, justierbares Band am Vorliek von Vor- und Großsegeln, bei letzteren auch am Unterliek. Wie weit mit dieser Hilfe die Segel getrimmt werden können, liegt am Reckwiderstand des schwereren und stärkeren Materials.

Am Achterliek von Vor- und Großsegel und am Unterliek des Vorsegels müssen Verdopplungen angebracht werden, damit die Kanten nicht beim Schlagen ausfransen. Die zusätzliche Tuchdicke reduziert den Reck an den Kanten im Vergleich zum Inneren des

Dieses große Vorsegel für eine 60-Fuß-Yacht, das bei Hood auf dem Schnürboden vorgereckt wird, kostet weit mehr als ein Kleinwagen.

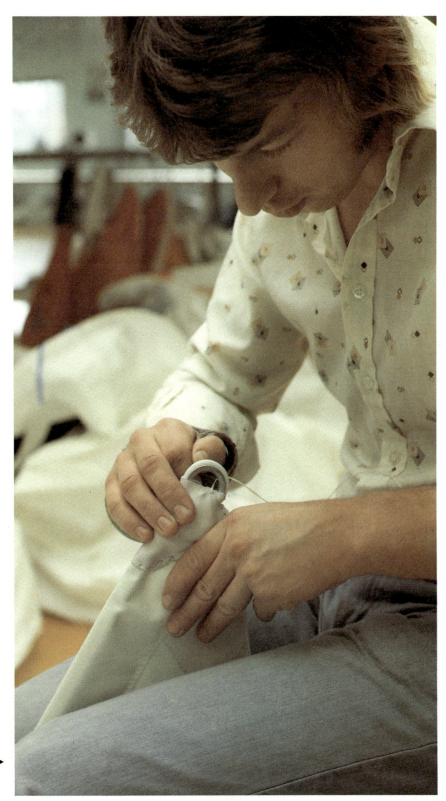

Segels. Unter starker Spannung wird das Achterliek hart und knickt ab. Um dem entgegenzuwirken, wird das Segel vorgereckt, ehe Liekbänder und Verdopplungen angebracht werden. Dazu wird es an drei starken Punkten auf dem Schnürboden angeschlagen; dann werden Bänder und Verdopplungen üblicherweise mit Heftklammern befestigt, die sie bis zur Endbearbeitung halten.

Innerhalb der gefalteten Verdopplungen läuft das Liekband am Vorliek von Vor- und Großsegel.

Letzte Arbeitsgänge

Die Endbearbeitung erfordert eine ganze Reihe handwerklicher Techniken – vom Einpressen der Stahlkauschen mit schweren hydraulischen Pressen bis zum Aufnähen von Lederstückchen zum Schutz gegen Schamfilen am Schothorn mit der Hand. Jeder Segelmacher ist stolz auf die von ihm entwickelten Feinheiten der Endbearbeitung und rückt sie in seinen Anzeigen oft in den Vordergrund. Man scheint sich einig zu sein, daß das Segel selbst schon richtig stehen und ziehen wird und daß der Unterschied in den kleinen Extras besteht. Andererseits sind aber heute auch manche dieser Kleinigkeiten wichtig für die Verwendbarkeit der Segel und für die Freude, die man an ihnen ja haben möchte. Einige dieser Punkte werden noch deutlicher, wenn wir die Segel im einzelnen untersuchen.

Das Aufnähen von Lederflecken an einer Kausch ist immer noch hochspezialisierte Handarbeit. ▶

Das Großsegel

In der Praxis muß das Großsegel eine ganze Reihe von Rollen erfüllen, die alle mit seiner dreidimensionalen Form zu tun haben. Bevor wir uns dieses Allround-Segel im Detail ansehen, wollen wir deshalb erst einmal die Forderungen, die daran gestellt werden, auflisten.

Der Leser wird sich aus einem der vorherigen Kapitel erinnern, daß beim Amwindsegeln Groß- und Vorsegel zusammenwirken sollten, wobei ersteres die Wirkung der kreisförmigen Strömung um letzteres verstärkt und umgekehrt. Zwar entwickelt das Vorsegel – oder der vordere Teil der Takelage – den größeren Teil der Kraft, doch kann es dies nur dank des Aufwinds vom Großsegel tun.

Die Form des Großsegels muß also der des Vorsegels angepaßt sein, so daß beide zusammen eine Kraftkurve bilden.

Dann ist das Achterliek des Großsegels jetzt die Ablaufkante der gesamten Takelage geworden. Es muß also nicht nur die Kraftkurve nach achtern verlängern, sondern für die gemeinsame Windströmung auch eine wirksame Ablaufkante bilden, an der sich die Wirkung des induzierten Widerstands (man erinnere sich an das Bild von den nachgeschleppten Eimern) so wenig wie möglich bemerkbar macht. Das Verhältnis dieser Ablaufkante zur Mittschiffslinie des Boots hat eine wesentliche Wirkung auf das Ruder, ähnlich den Klappen an einem Flugzeugflügel. Ist die Kante zu weit nach Luv geschotet, bewegt sich der Punkt, an dem der Vortrieb wirksam wird, nach achtern und stört die Balance zwischen Takelage und Kiel, die mit dem Ruder ausgeglichen werden muß – es entsteht Luvgierigkeit.

Foto: Rick Tomlinson/PPL

Das Großsegel ist aber auch ein Allround-Segel. Nimmt der Wind zu, muß es erst abgeflacht und dann in der Fläche reduziert werden können, während es mit dem Vorsegel immer noch wie zuvor zusammenarbeitet.

Auf raumvorlichen bis Halbwindkursen ist die Wirksamkeit des Vorsegels vermindert, aber das Großsegel muß immer noch genügend Auftrieb in Kursrichtung erzeugen.

Auf Vorwindkurs schließlich wird alles bisher Gesagte ins Gegenteil verkehrt. Lassen wir den Spinnaker einen Augenblick beiseite, so wird jetzt das Großsegel zum Hauptsegel, das dem achterlichen Wind genügend Widerstand entgegensetzen muß.

Wie kann es alle diese unterschiedlichen Kriterien erfüllen? Und welche Bedeutung haben sie für die Entwicklung moderner Großsegel gehabt?

Damit das Segel alle diese Rollen spielen kann, muß vor allem eine vielfältige Möglichkeit zum Trimmen vorhanden sein. Das betrifft die Wölbung des Segels ebenso wie die Gesamtfläche.

Halt und Spannung

Anders als das Vorsegel wird unser Großsegel an zwei seiner Seiten gehalten – der Mast hält das Vorliek und der Baum das Unterliek. Zwar stimmt es immer noch, daß das Segel vor allem an den drei Punkten Kopf, Hals und Schothorn gehalten wird, doch spielen auch die Spieren an Vor- und Unterliek eine wichtige Rolle.

Man betrachte noch einmal den Verlauf der Kraftlinien an einem typischen Großsegel. Wird es erst einmal vom Wind ausgefüllt, haben alle drei Seiten des Dreiecks die natürliche Tendenz, sich nach innen einzubuchten, bzw. zum Zentrum hin zusammenzufallen. Die durch Rutscher oder Liektaue an Mast und Baum gehaltenen Seiten werden jedoch daran gehindert. Das Achterliek andererseits kann sich nur durch die Spannung zwischen dem Fall am Segelkopf und der Schot und in geringerem Maße dem Ausholer am Schothorn straff halten. Da die anderen beiden Seiten nicht einfallen können, ist diese Tendenz am Achterliek natürlich um so stärker, so sehr nämlich, daß die gesamte Form des Großsegels durch die Spannung zwischen Kopf und Schothorn bestimmt wird. Können die Kraftlinien zwischen diesen beiden Punkten nicht gestrafft werden, gibt es wenig Hoffnung, die Tiefe der Wölbung im Segelkörper kontrollieren zu können. Deshalb bemühen sich denn auch die Segelmacher seit je so intensiv darum, den Reck im stark belasteten Achterliek zu vermindern. Seit Beginn des Jahrhunderts geht man den gleichen Weg, nämlich die Schußgarne in Linie mit dem Achterliek zu legen, da sie schon beim Webvorgang viel besser kontrolliert werden können.

Die roten Kettenlinien zeigen die Kraftverteilung innerhalb eines Segels.

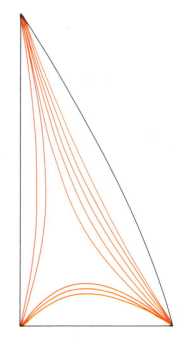

Ein Dacron-Gewebe für ein hochgeschnittenes Großsegel in 80facher Vergrößerung. Die dicken, nicht gekräuselten Schußgarne verlaufen von oben links nach rechts unten.

Kontrolle des Achterlieks

Mit der Weiterentwicklung des Tuchwebens und -bearbeitens entstanden allein zu diesem Zweck Kunststofftuche, bei denen das Schußgarn im Verhältnis zum Kettgarn viel stärker ist und gerade verläuft. Diese schußorientierten Gewebe haben ihrerseits zu Großsegeln geführt, bei denen sich das Verhältnis zwischen Höhe des Segels und Länge zwischen Hals und Schothorn vergrößerte. Das moderne IOR-Masttopp-Großsegel stellt in dieser Entwicklung einen Endpunkt dar; noch deutlicher wird es bei den extrem hochgeschnittenen und flachen Schwerwetter-Vorsegeln.

Ein Tuch, das für ein solches hochgeschnittenes Großsegel verwendet wird, könnte etwa ein Verhältnis von 2:16 zwischen dem Reck in Schuß- und in Diagonalrichtung haben; für eine vergleichbare Genua würde man dagegen etwa ein 2,5:9-Tuch verwenden.

Damit beginnt jedoch erst die Entwicklungsgeschichte der Achterliekskonstruktionen für stark beanspruchte Großsegel. Die bereits erörterten Großsegel mit verdoppeltem Achterliekssaum sind heute sogar auf Fahrtenyachten populär. Nimmt man für das gesamte Segel ein leichteres Tuch, fügt jedoch am stark belasteten Achterliek eine zusätzliche Lage hinzu, erhält man Stärke, wo sie benö-

Die doppelte Achterliekskante dieses Großsegels hilft, die starken Kräfte auf die nicht verdoppelte vordere Fläche zu verteilen.

tigt wird, und vermindert doch zugleich das Gesamtgewicht im Topp.

Das Aufkommen ausgefallener reckarmer Laminate mit Kevlar, einer Kohlefaser, hat bei den Achterlieksverstärkungen zu einer Vielzahl geometrischer Figuren geführt, die jedem Beobachter der Regattaszene von den großen Yachten her bekannt sein dürften. Bei den ausgefeiltesten Formen verstärkt man nicht mehr nur die gerade Linie zwischen Kopf und Schothorn, sondern läßt die verstärkten Bahnen in komplizierten Formen den Kettenlinien am Achterliek folgen.

Einer der Vorteile im Gefolge der Laminatentwicklung liegt darin, daß der Segeldesigner jetzt in der Lage ist, das Material in Schuß- oder Kettrichtung aus seinem Gleichgewicht zu bringen. Indem er immer stärkere Kettgarne einfügt, können sich die Gedanken wieder dem Vertikalschnitt früherer Zeiten zuwenden. Der Vertikalschnitt wurde damals bevorzugt, weil damit die schwächeren Nähte entlang statt quer zu den starken Spannungen des Achterlieks verliefen.

Kohlefasern wie Kevlar werden zur Verstärkung der Laminate in das Substrat eingebaut. Kevlar zeigt sich deutlich in den dunkelgelben Bahnen mancher Segelkonstruktionen. Bei gleichem Gewicht ist es drei- bis viermal so reckarm wie die üblichen Kunststoffe, hat jedoch eine Tendenz zum Verhärten, wenn es beständig gebo-

Hier folgen die Kevlar-Bahnen ungefähr den Kettenlinien zwischen Kopf und Schothorn. Man beachte besonders die trickreiche Verteilung der starken Kräfte im Kopfbereich dieses Banks-Großsegels.

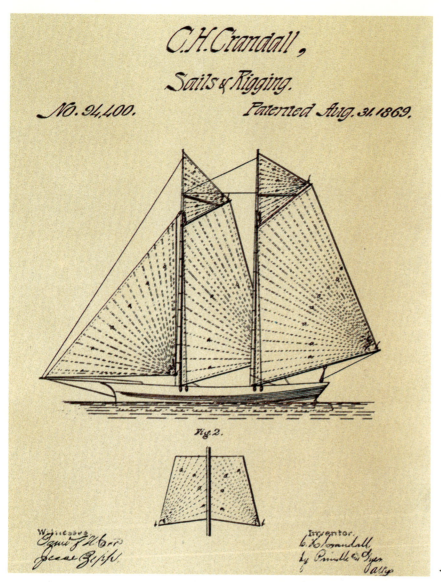

Ein Problem bei Radialkonstruktionen ist, daß die dreieckigen Bahnen schräg zum parallelen Fadenverlauf geschnitten werden müssen (A). Der Tuchhersteller Bainbridge hat ein ausgeklügeltes Gewebe hergestellt, in dem die dominierenden Kettgarne tatsächlich in jeder Bahn radial verlaufen (B).

◀ *Das erste radial geschnittene Stell Segel?*

gen wird. Spectra, eine hellblaue Polyethylenfaser, ist das neueste Verstärkungsmittel. Angeblich ist es zehnmal so stark wie Stahl, reibt sich weniger stark ab und ermüdet nicht so leicht durch Biegen.

Diese Elemente stehen also hinter dem Wiederauftauchen des Vertikalschnitts für Segel, die besonders hohen Ansprüchen genügen sollen. Der Nachteil ist, daß Überlappungen, die zum Einbauen einer schönen Wölbung ins Segel nötig sind, beim Vertikalschnitt quer zur Strömungsrichtung viel schwerer zu lösen sind als in Horizontalrichtung. Sphärische Geometrie dieser Größenordnung läßt sogar Computer bei der Arbeit heiß werden.

Ein anderer Weg besteht darin, stark kettorientierte Laminate in Richtung der Kraftlinien von einer oder allen drei Ecken des Segels aus radial zur Segelmitte hin verlaufen zu lassen.

Diese Radialschnitte scheinen auf den ersten Blick einer Erkenntnis zu folgen, die bei der Spinnakerproduktion gewonnen wurde. Es zeigt sich einmal wieder, wie wenige Ideen auf der Welt tatsächlich neu sind. Ein Durchsuchen der Patentlisten – in diesem Fall – Amerikas zeigt, daß schon vor 100 Jahren jemand den gleichen Gedanken hatte.

Von der einfachsten bis zur ausgeklügeltsten haben jedoch alle Konstrukonen das gleiche Ziel: Reck am Achterliek zu vermindern, in jenem Bereich also, in dem er am Großsegel auf keinen Fall wünschenswert ist.

Diagonalreck

Dagegen ist ein gewisses Maß an Reck in anderen Bereichen des Segels von Vorteil, weil er hilft, das Großsegel in vielfältigen Formen zu trimmen. Liegen die Schußgarne entlang dem Achterliek, verlaufen die Bahnen im Segelkörper und vor allem zu Vor- und Unterliek in einem gewissen Winkel, und dann greift der Zug in diagonaler Richtung zum Gewebe an.

Während die Entwicklungsarbeit bei den Kunststofftuchen und neuerlich auch bei den Laminaten vor allem darauf gerichtet ist, Diagonalreck zu vermindern, muß dieser doch besonders beim Großsegel in einem gewissen Maß erhalten bleiben, denn vom Diagonalreck hängt die Trimm-Möglichkeit seiner Wölbung hauptsächlich ab. Beim Amwindsegeln muß das Großsegel ein flaches Achterliek bilden, von dem die über beide Segel strömende Luft abfließen kann. Und bevor noch diese Strömung das Achterliek erreicht, ist es ganz wichtig, daß die vertikale Wölbung im Großsegel-Körper in einem möglichst günstigen Verhältnis zur Biegung des Vorsegel-Achterlieks eingestellt werden kann.

Die Düse

Die schnellere Strömung niedrigeren Drucks, die auf der Leeseite des Vorsegels erzeugt wird, verlangsamt sich immer mehr und droht dabei turbulent zu werden, je näher sie dem Achterliek kommt. Deshalb muß es das Ziel sein, die Strömung wieder neu mit Energie zu versorgen und damit das Abreißen zu verzögern, bis die leeseitige Strömung das Achterliek des Großsegels erreicht hat.

Die neue Energie kann nur von der relativ schnellen Strömung herrühren, die auf der Leeseite des Großsegels in der Lücke zwischen beiden Segeln erzeugt wird und im allgemeinen als Düse bekannt ist. Am Ausgang der Lücke zieht die Strömung des Großsegels die vom Vorsegel abfließende Strömung an und beschleunigt sie wieder, indem sie sie über das Lee des Großsegels führt.

Für jede Takelage und jede Windgeschwindigkeit gibt es eine optimale Breite der Düse, die allgemein gesprochen in vertikaler Richtung so gleichmäßig wie möglich sein sollte. Ist der Schlitz zu weit, wird die sich beschleunigende Strömung niedrigen Drucks in Lee des Großsegels nicht dicht genug an der am Achterliek des Vorsegels ablaufenden Luftströmung sein, um sie anzuziehen und wieder verstärken zu können. Ist er zu eng, wird die langsamer strömende Luft höheren Drucks in Luv des Vorsegels die Geschwindigkeit der Luftströmung in Lee des Großsegels brechen. Wenn dann Strömung und Druck auf beiden Seiten des Großsegelvorlieks gleich stark werden, fällt das Großsegel ein. Danach wird sich die Strömung auf der Leeseite des Großsegels kaum wieder so sehr beschleunigen können, daß sie die Luftströmung in Lee des Vorsegels positiv beeinflussen kann.

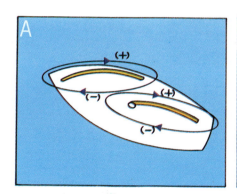
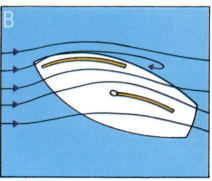
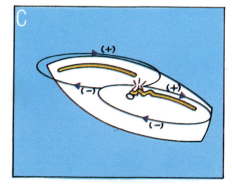
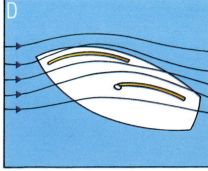

Die sogenannte Düse trägt zur wirksamen Strömung um die beiden Segel bei (A). Eine zu weite Düse (B) verursacht ein Abreißen der Leeströmung vom Vorsegel; eine zu enge Düse (C) läßt die beiden Rundumströmungen kollidieren. In D arbeiten beide Segel optimal zusammen.

In beiden Fällen ist die vortrieberzeugende Strömung an beiden Segeln teilweise oder gänzlich gestört – sie stirbt ganz, wenn die Lücke insgesamt zu weit oder zu eng ist; sie stirbt teilweise, wenn der Abstand zwischen beiden Segeln in der Vertikalen nicht konstant ist. Deshalb ist es so wichtig, die Wölbung im Großsegel genau passend zur Wölbung des Vorsegel-Achterlieks einstellen zu können.

Die Lage der Wölbung

Wie wir schon sahen, kann die Wölbung in einem Segel auf zwei verschiedene Weisen erreicht werden. Bei den früheren unstrukturierten Kunststofftuchen wurde am Vorliek ein konvexes Stück Tuch hinzugefügt. War das Segel an einem geraden Mast gesetzt, wurde dieses Tuch zurück ins Segel verdrängt und gab ihm seine dritte Dimension. Doch wegen des starken Diagonalrecks solcher Kunststofftuche wanderte bei zunehmendem Wind die Lage der größten Wölbung nach achtern, und zugleich erhöhte sich das Verhältnis von Wölbungstiefe zu Sehne. Ein Ausbalancieren der Kräfte ist nötig, um das Segel im Gleichgewicht zu halten.

An dieser Stelle wird der Diagonalreck zum Vorteil.

In der Abbildung (A) liegt die maximale Wölbung bei diesem unstrukturierten Großsegel vom Ende der 70er Jahre ungefähr bei 50 Prozent der Sehne, wo sie in der Tat bei einer Zwei-Segel-Takelage immer liegen sollte. Auf der daneben stehenden Abbildung (B) wurde das Vorliek auf dem gleichen 35-Fuß-Boot nur um 10 cm überreckt. Der Punkt der tiefsten Wölbung hat sich nun nach vorne bewegt, und entlang dem Vorliek zeigen sich Reckfalten, die ungefähr dem Taschentuch-Beispiel aus einem der vorigen Kapitel gleichen.

A

Bei den Bahnen am Vorliek entsteht Diagonalreck; unter der vertikalen Spannung haben sich die kleinen Vierecke im Gewebe zu vertikalen Rhomben verzogen, und zugleich ist damit die Wölbung zum Mast hin gewandert. Nicht so auffällig ist, daß die Zunahme der Spannung eine Kettenreaktion entlang jeder Tuchbahn bis hin zum Achterliek erzeugt hat. Obwohl ebenfalls kaum sichtbar, ist das Achterliek ein wenig eingefallen, was mit einem stärkeren Durchsetzen der Großschot kompensiert werden muß. Beide Fotos wurden der Deutlichkeit wegen bei gleicher Windstärke gemacht; doch wäre der Wind nach dem zweiten Foto (B) aufgefrischt, hätte er die Wölbung wieder zurück ins Segel geblasen. Die Wirkung erhöhter Vorlieks- und Großschotspannung liegt dann darin, die maximale Wölbung wieder in ihre ursprüngliche Lage zurückzubringen und zugleich das gesamte Segel abzuflachen.

Wölbungstiefe

Ein ähnliches Kontrollsystem über den Diagonalreck wird am Unterliek verwendet. In vertikaler Richtung stützt der Baum das Unterliek des Großsegels nur geringfügig. Seine Aufgabe heute ist es, die Lage des Schothorns in allen drei Dimensionen genau zu kontrollieren, sowohl vertikal wie horizontal, also auch den Abstand zwischen Schothorn und Vorliek, von dem die Tiefe der Wölbung im unteren Teil des Segels abhängt.
Die Wölbung wird ins Segel entweder durch zusätzliches Tuch am Vorliek oder bei stärker strukturiertem Tuch – wie schon erläutert – durch Überlappung eingebaut. In beiden Fällen kann der Grad der Wölbung als Verhältnis zwischen der tiefsten Stelle und der Länge der Sehne gemessen werden. Demnach wird bei Verkürzung der Sehne die Tiefe der Wölbung

erhöht und umgekehrt. Mit anderen Worten: Vergrößert man den Abstand zwischen Achterliek und Vorliek, wird das Segel flacher.

Mit dem Verlagern des Schothorns auf der Baumnock nach achtern kann man genau dies erreichen. Damit verändert man nicht nur die Sehnenlänge am Unterliek, sondern auch – weil sich der Abstand zwischen dem Schothorn und jedem Punkt am Vorliek vergrößert – die Wölbung im gesamten Segel. Die Wirkung vermindert sich jedoch mit zunehmender Höhe. Man achte einmal darauf, welche Wirkung relativ geringfügige Veränderungen in der Lage des Schothorn-Ausholers auf das Verhältnis von Wölbungstiefe zu Sehnenlänge haben; die drei Fotos zeigen ein Großsegel, das vom Ende der 70er Jahre stammt. Während die Veränderungen von der Plicht aus kaum sichtbar sind, lassen sie sich von einer Position vor dem Mast aus gut erkennen. Der Baum steht in allen drei Fällen im gleichen Winkel zur Mittschiffslinie.

Achterliekstrecker

Eine Erweiterung dieser Kontrollmöglichkeit ist der Achterliekstrecker, eine Art Cunningham-Stropp am Schothorn. Der Stropp läuft durch eine Kausch etwas oberhalb des Schothorns im Segel; setzt man sie zur Baumnock hin durch, wird die Wölbung im unteren Teil des Segels flach genug, um mit vollem Großsegel bis zum Windlimit am Wind segeln zu können, das heißt bis kurz vor dem Punkt, an dem Reffen nötig wird.

Im wesentlichen gestattet diese Vorrichtung, das Segel so stark zu recken, daß es fast flach wird und dabei doch innerhalb der Begrenzungsmarkierungen am Baum (schwarzes Band) bleibt.

A ▶

(A) Der Schothorn-Ausholer ist gefiert, was das Segel bauchiger macht.

(B) Ist das Unterliek mit dem Ausholer bis zur Grenze gereckt, wird die Wölbungstiefe reduziert.

(C) Setzt man jetzt außerdem den Achterliekstrecker durch, so wird das Segel noch flacher.

C ▶

Von unterhalb des Baums gesehen, wird das „Fußbrett" dieses Großsegels deutlich erkennbar.

Unterliekswölbung

In den 70er Jahren konstruierte Segel hatten oft ziemlich große Unterlieks-„bretter" dieser Art. Sie sollten eine Art Endplatte bilden und die Strömung auf beiden Seiten eines tief gewölbten unteren Segelteils trennen. Diese Vorstellung wurde jedoch in Frage gestellt, nachdem die aerodynamische Forschung der Auftriebskräfte zeigen konnte, daß die Hochdruck-Strömung auf der Luvseite des Großsegels den unaufhaltsamen Drang hat, unter dem Baum hindurch zum niedrigeren Druck auf der Leeseite zu fließen. Je größer das Verhältnis von Wölbungstiefe zu Sehne ist, um so stärker wird dieser Drang; und um so stärker wird auch die Wirbelbildung am Schothorn.

Seit dieser Entdeckung ist die Mode des tief gewölbten Unterlieks im Schwinden begriffen. Das hat nicht einmal direkt etwas damit zu tun, daß bei modernen Segeln das Verhältnis von Wölbungstiefe zu Sehne sich vom Kopf zum Unterliek allmählich verkleinert.

Bis zu diesem Punkt haben wir die Kontrollmöglichkeiten der Segelwölbung nur auf weniger strukturierte Tuche bezogen.

Das beständige Ausbalancieren der Spannungen an Vor- und Unterliek und über die Großschot ist zwar theoretisch sehr schön, hat jedoch in der Praxis große Nachteile. Besonders die Kompromisse, mit denen durch die Veränderung von Kett- und Schußgarnen Diagonalreck in solche Tuche gebracht wird, beschränken die Kontrollmöglichkeiten im stark belasteten, wichtigen Achterlieksbereich beträchtlich.

Strukturierte Tuche

Imprägnierung, das Tempern der Garne und die Laminate haben allmählich die Stabilität des Segeltuchs erhöht, und mit jedem Schritt vorwärts wurden die Möglichkeiten, die richtige Form im Zusammenwirken von Spannung und Reck zu erreichen, geringer. Das trifft, wie wir sehen werden, besonders auf die Vorsegel zu. Großsegel, die ja sehr anpassungsfähig sein müssen, haben immer noch ein gewisses Maß an Trimm-Möglichkeiten nötig, doch sind diese nun von etwas anderer Art.

Mastbiegung

Eine Lösung ist die Nutzung der Mastbiegung, um das Verhältnis von Wölbungstiefe zu Sehne in jenen (oberen) Teil des Segels zu erhöhen, die man mit dem Ausholer am Schothorn nicht erreichen kann. Das Prinzip ist das gleiche wie zuvor. Wird der Mast nach vorne gebogen, verlängert sich die Sehne, und damit verringert sich die Wölbungstiefe. Ein Nebeneffekt der Mastbiegung ist auch, daß damit der Abstand zwischen Kopf und Schothorn verkürzt werden kann, wobei sich die Spannung im Achterliek vermindert und seine Verwindung erhöht.

Eine Verlagerung der tiefsten Wölbung wird immer noch durch Vorliksspannung erreicht, doch bei einem strukturierten Segel ist dies im allgemeinen kaum nötig. Die Großsegel, die während des America's Cup vor Fremantle verwendet wurden, waren zum Beispiel so steif, daß Reißverschlüsse, die von Kopf bis Hals reichten, eingesetzt werden mußten, um überflüssiges Tuch wegzunehmen.

Vorliksspannung wird bei strukturierten Segeln üblicherweise nur noch benutzt, um die diagonalen Falten auszu-

Der Trend weg vom tief gewölbten Unterliek ist bei dieser Siebenachtel-Takelung einer Regattayacht deutlich erkennbar. Die Unterliekssehne ist flach wie ein Brett.

bügeln, die sich am Punkt der stärksten Mastbiegung zwischen dem Vorliek und dem Schothorn bilden.

Hier ist wahrscheinlich der richtige Punkt, um den Cunningham-Stropp am Vorliek vorzustellen.

Cunningham-Stropp am Vorliek

Das geistige Kind von Bruce Cunningham erfüllt zwei Funktionen. Zunächst einmal kann damit das Großsegel mit maximaler Vorliekslänge für leichte Winde geschnitten werden. Mit dem Stropp, der durch eine Cunningham-Kausch etwas oberhalb des Segelhalses am Vorliek führt, kann Zug auf das Vorliek gebracht werden, um bei auffrischendem Wind die Lage der tiefsten Wölbung zu kontrollieren. Auf kleinen Yachten braucht man dafür gewöhnlich nur eine Leine durch ein Auge zu scheren und am Halsbeschlag zu befestigen. Diese einfache Talje reicht aus, um die Spannung schnell und leicht zu verändern. Auf größeren Yachten, besonders, wenn sie strukturierte Segel fahren, wird eine stärkere Talje, eventuell sogar mit Winde, nötig werden.

Der zweite Vorteil besteht darin, daß man die Vorliksspannung regulieren kann, ohne die Großschot zu verändern. Wegen der am Kopf zusammenlaufenden Dreiecksform des Großsegels steigert eine Verstärkung der Vorliksspannung über das Fall auch die Spannung im Achterliek und vermindert damit die Verwindung. Dann muß aber auch die Stellung der Großschot, über die vor allem die Verwindung kontrolliert wird, verändert werden.

Betrachten wir also einmal mehr das Achterliek und seine wichtige Rolle als Ablaufkante der über beide Segel streichenden Windströmung.

Achterlieksrundung

Ist es gelungen, mit Hilfe einer gleichmäßigen und parallelen Düse die sich verlangsamende Strömung von der Leeseite des Vorsegels mit der schnelleren Luftströmung auf der Leeseite des Großsegels zu verbinden, dann muß letzteres einen flachen Ablauf für beide bilden. Dabei entsteht jedoch induzierter Widerstand an Kopf und Schothorn in Form von Wirbeln, wo sich hoher und niedriger Druck treffen. Das sind die nachgeschleppten Eimer, die etwa 75 Prozent des gesamten Riggwiderstands ausmachen.

Zufällig erzeugt eine dreieckige Form mit geraden Kanten besonders starke Verwirbelungen. Ein dreieckiges Großsegel mit geradem Achterliek würde also ein inakzeptabel hohes Verhältnis von Widerstand zu Auftrieb ergeben.

Dank aerodynamischer Studien, wie sie zum Beispiel R. J. Mitchell durchführte, der den Spitfire entwarf, ist aber auch bekannt, daß man die Verwirbelungen beträchtlich verringern kann, indem man die Ablaufkante als elliptische Kurve gestaltet. Man lege einmal den Umriß eines Spitfire-Flügels auf den eines modernen Groß-

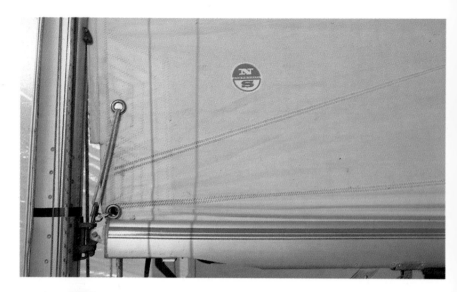

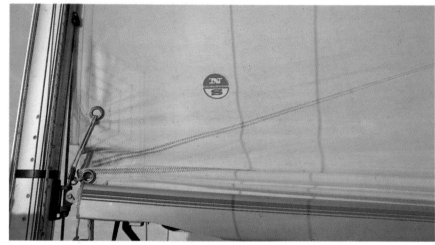

Eine einfache Talje reicht auf diesem Halbtonner aus, um über die Cunningham-Kausch das Vorliek zu kontrollieren.

segels mit seiner elliptischen Achterlieksrundung und erkennt sofort die Ähnlichkeit. Eine elliptische Ablaufkante verringert den induzierten Widerstand gegenüber einer geraden Kante um 20 bis 30 Prozent.

Tauchen wir einen Moment unter Wasser, so können wir jetzt wohl begreifen, warum auch hier die Ellipse bei den Kielformen moderner Regattayachten zunehmend in Mode gekommen ist. Genau wie das Segel oben erzeugt auch der Kiel unter Wasser Auftrieb und Widerstand.

Segellatten

Die Achterlieksrundung ist also ein wichtiges Element beim Kampf gegen den Widerstand. Damit sich das Achterliek jedoch über die Gerade hinaus erstrecken kann, braucht es Unterstützung. Bei einem konventionellen Großsegel werden dafür Segellatten verwendet, üblicherweise vier. Ihre vorderen Enden liegen auf einer konkaven Kurve, die etwa der Linie maximaler Spannung zwischen Kopf und Schothorn folgt. Von dieser Kraftlinie unterstützt, können sie sich ein gewisses Stück nach außen erstrecken, gewöhnlich ungefähr um ebensoviel, wie sich ihr inneres Ende innerhalb der geraden Linie zwischen Kopf und Schothorn erstreckt. Indem die Kraftlinie sich unter Spannung gerade zu ziehen sucht, drückt sie die Latten tatsächlich nach achtern, wobei ihr äußeres Ende die Achterlieksrundung mit sich nimmt.

Gelegentlich findet man auf Booten, die weder Klassenvorschriften noch IOR-Regeln unterworfen sind, Segel mit noch größeren elliptischen Ablaufkanten. Moderne Hochgeschwindigkeits-Mehrrumpfboote fahren Segel mit durchgehenden Latten, die die Liekrundung in noch engerer Kurve nach achtern bringen; damit wird versucht, die Spitzen-Verwirbelungen weitgehend zu vermeiden.

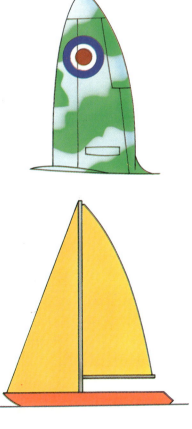

Links: Im Vergleich zeigt sich, wie ähnlich ein Segel mit starker Achterlieksrundung der aerodynamisch so günstigen Ablaufkante des Spitfire-Flügels ist.

Oben: Bei diesem Hochgeschwindigkeits-Trimaran mit durchgezogenen Segellatten ist die Achterlieksrundung noch stärker ausgeprägt.

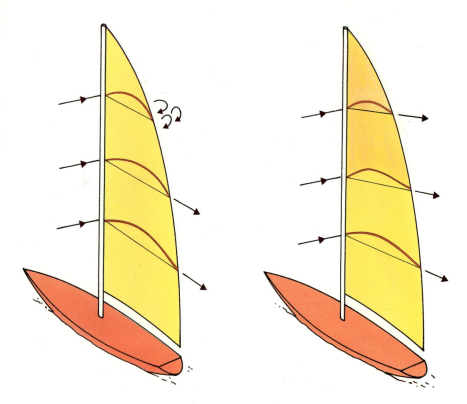

Um ein Abreißen der Strömung im oberen Teil des Segels, in dem das Verhältnis von Wölbungstiefe zu Sehnenlänge am größten ist, zu verhindern (links), muß Verwindung ins Segel gebracht werden, was die Wölbung abflacht (rechts).

Verwindung

Bei der Diskussion um Spitzen-Verwirbelungen und wie man sie reduziert lohnen sich ein paar Worte zur Verwindung des Segels. Eines ist sicher: Ein gewisser Grad an Verwindung im oberen Teil des Segels ist vorteilhaft. Die Frage ist nur, warum? Mehr als eine Autorität hat die Notwendigkeit der Verwindung, die wir im vorigen Kapitel erläuterten, mit dem Begriff des Windgradienten beschrieben, also dem Grenzschicht-Effekt der Erdoberfläche auf den über sie hinweg blasenden Wind. Der dichter an der Oberfläche entlangstreichende Wind wird durch Reibung verlangsamt. Viele jedoch, auch Wissenschaftler, stellen diese Theorie in Frage und können dabei auf entsprechende Messungen verweisen. Die Geschwindigkeitsunterschiede des Windgradienten in Höhen, in denen Segel arbeiten, sind tatsächlich sehr gering. Ein wahrer Wind zum Beispiel, der in 6 Fuß (1,83 m) Höhe über der See mit 16,7 Knoten bläst, würde in einer Höhe von 20 Fuß (6,10 m) nur auf 18,2 Knoten und um weitere 0,7 Knoten bei 35 Fuß (19,14 m) anwachsen; danach erhöht sich die Windgeschwindigkeit proportional sogar noch weniger.

Es ist unwahrscheinlich, daß auch bei der Umrechnung in scheinbaren Wind der geringfügige Anstieg der Windgeschwindigkeit einen nur annähernd so großen Grad von Verwindung nötig machte, wie er im oberen Teil jedes modernen Großsegels anfällt, sobald sich die nach unten gerichtete Spannung der Großschot vermindert.

Die wahrscheinlichere Erklärung für die offensichtliche Gesetzmäßigkeit der Verwindung ist in zwei anderen Bereichen zu finden.

Wäre das Verhältnis von Wölbungstiefe zu Sehnenlänge oben im Segel gleich groß wie unten, würde die kleinere Sehnenlänge natürlich weniger Auftrieb als in den unteren, breiteren Abschnitten erzeugen. Beim Großsegel, das durch den Einfluß des Mastes teilweise abgeschattet wird, ist der auftrieberzeugende Bereich außerdem proportional stärker reduziert, wenn das Segel sich gegen den Kopf zu verengt. Für den Segel-Designer liegt die Antwort darin, das Verhältnis von Wölbungstiefe zu Sehnenlänge dort zu erhöhen, wo das Segel zum Kopf hin schmaler wird.

Bliebe der Winkel, mit dem das Segel zum Wind angestellt ist, konstant, würde die Strömung über die Leeseite der vertieften Wölbung nicht anliegend bleiben. Soll nämlich die Strömung einer zu scharfen Kurve folgen, reißt sie ab, drosselt jenen Teil des Segels und erzeugt Widerstand. Konsequenterweise muß der Anstellwinkel zum Wind verkleinert werden – mit anderen Worten, das Segel muß verwinden.

Da ebenso der Abwind von den kürzer werdenden Sehnen des dreieckigen Vorsegels zum Kopf hin immer geringer wird, muß der Winkel um so breiter werden, mit dem das Großsegel zur Mittschiffslinie angestellt ist. Auch daraus ergibt sich die Notwendigkeit zur Verwindung.

Bei einer Siebenachtel-Takelung ist diese Gesetzmäßigkeit sogar noch offensichtlicher. Jener Bereich des Großsegels, der über den Kopf der Fock hinaus steht, wird vom Abwind nicht beeinflußt. Also muß dieser Teil des Segels im gleichen Winkel zum scheinbaren Wind getrimmt werden wie das Vorliek des Vorsegels.

Diese Themse-Jollen (Thames Raters) zeigen besonders starke Verwindung im Großsegel, um die stärkeren Winde über den Baumreihen am Ufer einfangen zu können.

◀ *Der obere Teil dieses Großsegels einer Siebenachtel-Takelung ist unbeeinflußt von der Strömung rund ums Vorsegel und muß deshalb stärker verwinden.*

Soviel also zur Verwindung, zur elliptischen Achterlieksrundung und zum Anteil des Großsegels an der alles entscheidenden „Düse". Glücklicherweise ist die Praxis um vieles leichter zu verstehen als die Theorie.

Alle numerischen Faktoren, die die optimale dreidimensionale Form des Segels bestimmen, sollten vom Segelmacher beim Entwurf bereits berücksichtigt worden sein. Mit anderen Worten: Die Elemente in einem guten Segel sollten, wenn es erst einmal richtig getrimmt ist, automatisch ineinandergreifen und eine wirksame Form ergeben. Die einfachen Hilfen, mit denen man den richtigen Trimm erkennen kann, werden später im Detail behandelt.

Das Großsegel muß vielen Anforderungen genügen. Es muß dann noch gut ziehen, wenn der Wind stürmisch wird, und muß auch vor dem Wind maximale Fahrt erzeugen. Hat der Segelmacher gute Arbeit geleistet, werden alle Voraussetzungen für diese unterschiedlichen Anforderungen in der Struktur des Segels vorhanden sein. Dennoch liegt es in der Verantwortung des Seglers, die Kontrollmöglichkeiten, die er in der Hand hat, entsprechend sinnvoll zu nutzen.

Reffen

Nimmt die Windkraft zu, so steigern sich auch die am Segel wirksam werdenden Kräfte proportional. Beim Amwindsegeln wird der geringe Anteil verstärkten Vortriebs unglücklicherweise durch den Rumpfwiderstand schon bald aufgebraucht. Schlimmer noch: Der Widerstand gegenüber dem durch die volle Wölbung im Segel erzeugten Auftrieb steigt. Der Anteil der Querkraft wird zugleich ungehindert größer, und das Boot krängt, wogegen nur das aufrichtende Moment des Kiels wirksam ist.

Die Antwort kann nur darin liegen, die Fläche des Segels zu verkleinern, aber gleichzeitig auch die Wölbung abzuflachen, damit der induzierte Widerstand vermindert wird.

Die Notwendigkeit, bei hartem Wind Segel zu kürzen, wird von allen Seglern anerkannt, merkwürdigerweise nicht so die Notwendigkeit, das Segel dabei abzuflachen. Das Rollreff war zum Beispiel viele Jahre lang eine populäre und relativ leichte Methode, die Großsegelfläche zu verkleinern. Der Nachteil des Systems war jedoch, daß es keine Vorrichtung zum Vergrößern der Sehne des Segels und damit zum Verringern der Wölbung gab. Tatsächlich wurde das Achterliek, während das Segel nach unten um den Baum gerollt wurde, durch den Druck im Segel nach vorne gezogen, wodurch sich das Verhältnis von Wölbungstiefe zu Sehnenlänge noch erhöhte.

Refftaljen

Die Antwort, die heute fast weltweit bei modernen Großsegeln angewendet wird, besteht aus einer Kombination des Achterliekstreckers, mit dem prinzipiell das volle Segel abgeflacht wird, mit dem Smeerreep unserer Großväter.

An Vor- und Achterliek des Segels befinden sich an jedem Reffpunkt Kauschen; das Tuch ist an diesen Stellen natürlich verstärkt. Am Lümmelbeschlag können einfache Haken jeweils eine dieser Kauschen aufnehmen. Vom inneren Baumende, wo sie immer in Reichweite sind, verlaufen zwei Stander zu verstellbaren Leitblöcken an beiden Seiten der Baumnock und von dort durch jeweils eine Reffkausch im Achterliek zurück zur anderen Seite der Baumnock, wo sie fest angeschlagen sind.

Das System gibt es in verschiedenen Varianten, doch das Ziel ist immer das gleiche: Beim Reffen sollte die zweipartige Talje (auf ihrem Teilstück zwischen Baumnock und Reffkausch) einer imaginären Linie zwischen Schothorn und einem Punkt auf halbem Wege des Vorlieks folgen. Auf diese Weise wird, wenn das Reff eingesteckt ist, der vertikale und horizontale Zug auf das Segel genau die Kraft aufbringen, die benötigt wird, um das gesamte Segel abzuflachen. Beim Reffen wird jedoch die vom Entwurf her vorgegebene optimale Form des Segels zerstört, und zugleich besteht die Gefahr, daß zuviel Zug in eine Rich-

Ein Großsegel für eine Fahrtenyacht mit voll durchgezogenen Segellatten macht das Reffen und die Kontrolle der Segelform viel einfacher. Foto: North Sails Inc.

Das bei weitem einfachste und wirkungsvollste Reffsystem ist das moderne Smeerreep, das zugleich die Segelfläche und die Wölbungstiefe reduziert. Die Wölbung ist bei diesem abgeflachten Großsegel fast hinter dem Mast verschwunden.

tung das Segel überrecken und permanent schädigen kann. Hat man erst einmal die richtige Position für jedes Reff festgelegt, können die justierbaren Umlenkblöcke festgesetzt werden. Dann ist das Reffen auch auf See recht einfach. Das Großfall wird so weit gelockert, bis die Reffkausch im Vorliek am Lümmelbeschlag eingehakt werden kann, und dann wieder durchgesetzt. Dies muß geschehen, bevor Zug auf den Reffstander kommt, weil sonst das Vorliek aus seiner Schiene gezogen werden könnte. Dann kann der Reffstander mit einer Winde dichtgeholt werden, wobei die Reffkausch im Achterliek zur Baumnock heruntergezogen wird. Schließlich wird das Großfall so getrimmt, daß die maximale Tiefe der Wölbung an der richtigen Stelle steht.

Bei Großsegeln aus stärker strukturierten Materialien wird es auch nötig sein, die Mastbiegung zu verstärken, um das Segel im oberen Teil weiter abzuflachen.

Mit diesem einfachen System kann man sich auf sehr wirkungsvolle Weise die Qualitäten, die der Segelmacher von Anfang an ins Segel eingebaut hat, zunutze machen. Man vergleiche die extrem abgeflachte Wölbung des gerefften Großsegels, die auf dem obigen Foto von einer Position vor dem Mast gesehen wird, mit den Fotos des ungerefften Großsegels auf Seite 68. Die Wölbung ist so flach, daß das Segel fast hinter dem Mast verschwunden ist.

Reffleinen

Ist das gereffte Segel durch die Spannung zwischen Schothorn und Vorliek abgeflacht, werden die horizontal ins Segel genähten kleinen Reffgatchen, mit denen man früher das Reff einband, überflüssig. Tatsächlich könnte zuviel vertikale Spannung an diesen Stellen die benachbarten Bereiche des Segels permanent verziehen. Sie sollten nur dazu verwendet werden, das sich auf der Oberseite des Baums stapelnde überschüssige Tuch zusammenzubändseln. Üblicherweise wird dieses überschüssige Tuch aufgerollt und mit kurzen Bändseln, die durch die Reffgatchen laufen, unter dem Baum zusammengebunden.

Da man diese Bändsel, wenn man sie braucht, doch nicht findet, bietet sich eine Alternative an: ein langes Reffbändsel, das am Lümmelbeschlag gesichert ist und abwechselnd durch jedes Reffgatchen und unter dem Baum hindurch geführt wird.

Mastreffvorrichtungen

Zweifellos inspiriert durch den verständlichen Erfolg der Rollfock, hat man ähnliche Systeme zum Reffen und Stauen des Großsegels erfunden. Es sind heute eine Reihe von Systemen vorhanden, bei denen das Großsegel entweder in einem Hohlmast oder direkt hinter dem Mast auf einem Profil gestaut wird. Wird dieses Profil gedreht, so rollt sich das Segel um sich selbst auf. Das „Heißen", wenn dies denn noch das richtige Wort ist, wird ausgeführt, indem man das Schothorn herauszieht und sich das Segel von dem Profil abrollt. Wie bei modernen Rollfocksystemen, kann das Gerät durchaus den von einem zum Beispiel beim Reffen nur teilweise ausgerollten Segel ausgehenden Kräften standhalten.

Auch wenn die Großsegelfläche damit unendlich justierbar ist, scheint dies für viele doch nicht der wichtigste Vorteil des Systems zu sein. Die Einfachheit, mit der das Segel entfaltet und

Das am Mast aufgerollte Großsegel gibt zumindest einen sauberen Anblick.

wieder gestaut werden kann, hat offenbar mehr Gewicht. Dagegen stehen der hohe Preis, das Gewicht und die Kompliziertheit des Geräts, das verklemmen oder ganz versagen kann; aber diese Diskussion gehört sicherlich an eine andere Stelle. Hier geht es um die Segel selbst.

Bei den im Mast verstaubaren Großsegeln gibt es zwei Probleme. Wird das Segel beim Reffen um ein schmales Profil gerollt, so können horizontale Segellatten nicht mehr verwendet werden. Und mit den Segellatten verschwindet die Achterlieksrundung; der Widerstand in Form eines nachgeschleppten Luftwirbels kehrt in stärkerer Form zurück. Das Achterliek der meisten Segel dieses Typs ist denn auch leicht konkav geschnitten. Mit den weichen vertikalen Latten an manchen dieser Segel läßt sich das konkave Achterliek glattziehen, aber keineswegs können sie eine Achterlieksrundung stabilisieren.

Das andere Problem zeigt sich am Unterliek. Soll das Segel am Vorliek aufgerollt werden, ist es unpraktisch, es mit dem Unterliek am Baum zu befestigen. Die einzige Befestigung am Schothorn ergibt eine gute Kontrollmöglichkeit über die Form der Wölbung; doch durch die Lücke zwischen Unterliek und Baum kann der höhere Druck auf der Luvseite zum niedrigeren Druck auf der Leeseite hindurchwandern. Das Ergebnis ist eine zusätzliche Verwirbelung. Die Wirkung des Segels wird dadurch nicht gerade verbessert.

Halber Wind

Wir haben unsere Aufmerksamkeit bisher vor allem auf das Amwindsegeln gerichtet. Doch für viele Segler, die ihren Sport vor allem um der Erholung willen betreiben, ist gerade das am wenigsten verlockend. Aus gemütlicheren Zeiten gibt es in England sogar den Spruch, „Gentlemen do not sail to windward" – „Herren segeln nicht gegen den Wind" – vielleicht, weil die Cocktails dabei überschwappten.

Das Fehlen einer Achterliekrundung und die Lücke zwischen Unterliek und Baum sind beim Round-the-World-Sieger Flyer deutlich sichtbar, der jetzt als Fahrtensegler getakelt ist. Foto: Nick Rains/PPL

Der Grund, warum dem Segeln auf raumen Kursen, wenigstens ohne Spinnaker, so wenig Platz eingeräumt wird, ist einfach der, daß es darüber wenig zu sagen gibt. Wenigstens sind die tieferen Geheimnisse dieser Kurse zum Wind kaum erforscht worden. Vielleicht drückt sich diese Haltung am besten in dem englischen Spruch „a soldier's wind" („ein Soldatenwind") aus, was wohl besagen soll, daß jeder ein Boot segeln kann, sobald der Wind raumt. Mag sein, daß sich darüber streiten läßt. Wir wollen das hier nicht weiter vertiefen. Lieber wenden wir uns jetzt einer wissenschaftlicheren Betrachtungsweise zu. Am Wind, werden wir uns erinnern, war unter den von den Segeltragflügeln entwickelten Kräften die größte die Querkraft, die gegen das aufrichtende Moment des Kiels und quer zur Fahrtrichtung wirkt. Davon kann man die relativ kleine Komponente der vorwärts gerichteten Auftriebskraft abziehen, doch die wird wiederum abgeschwächt durch entgegengesetzt wirkende Widerstandskräfte. Um den Vortrieb zu verbessern, muß der am Tragflügel erzeugte Widerstand reduziert werden.

Segelt man bei halbem Wind und fiert die Schoten auf, so sind die gleichen Kräfte immer noch vorhanden, doch ihr Verhältnis zueinander hat sich verändert.

Nun hat sich die Komponente der Querkraft mehr in Fahrtrichtung gedreht. Werden die Schoten noch weiter gefiert, verlagert sich die vom Segel erzeugte Gesamtkraft vorwärts, bis das Segel eine Stellung erreicht, in der es den Wind nicht länger an seine leeseitige Oberfläche binden kann. Während dieser Phase wirkt der vom Segel erzeugte Auftrieb immer stärker direkt gegen die Widerstandskräfte am Unterwasserschiff.
Ebenso schwingen die als Nebenprodukt des Auftriebs und durch die Form und Reibung der Takelage erzeugten Widerstandskräfte mehr und mehr herum, bis sie eine Komponente der Querkraft werden und das Boot gegen das aufrichtende Moment des Kiels krängen. Aus der Praxis weiß jeder Segler, was geschieht. Segelt das Boot erst einmal raum-seitlich, nimmt die Bootsgeschwindigkeit zu, und allmählich vermindert sich die Krängung.

Nicht ganz so offensichtlich wird die Wirkung des Aufwinds vom Großsegel auf das Vorsegel und die des Abwinds vom Vorsegel auf das Großsegel allmählich vermindert, indem sich ihre jeweiligen Windsysteme auseinanderziehen.

Was aber bedeutet dies für das Großsegel?

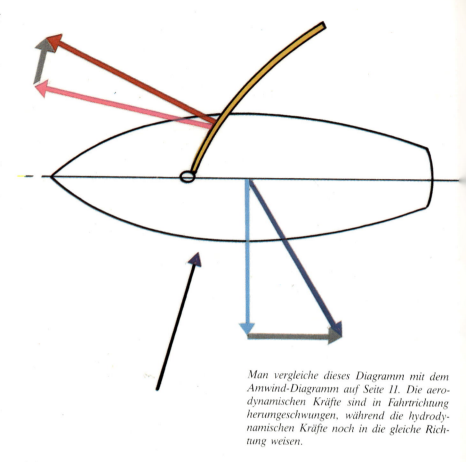

Man vergleiche dieses Diagramm mit dem Amwind-Diagramm auf Seite 11. Die aerodynamischen Kräfte sind in Fahrtrichtung herumgeschwungen, während die hydrodynamischen Kräfte noch in die gleiche Richtung weisen.

*Ein „Soldatenwind".
Foto: Rick Tomlinson/PPL*   ▶

Der Anstellwinkel

Zunächst bedeutet es, daß das Großsegel so weit nach vorne quer zum Wind angestellt werden muß wie möglich. Damit wird die Richtung des Auftriebs in Fahrtrichtung eingestellt. Die Möglichkeit, den Winkel, den das Segel zur Mittschiffslinie einnimmt, zu vergrößern, wird an dem Punkt beschränkt, an dem die Strömung sich nicht länger um die leeseitige Segelfläche biegen läßt. Dann entsteht keine Kreisströmung, und der Druck auf beiden Seiten des Vorlieks bleibt der gleiche. Mit anderen Worten, das Vorliek fällt ein.

Ist das Segel zu dicht zur Mittschiffslinie angestellt, tritt der gegenteilige Effekt ein: Die Strömung reißt auf der ganzen Leeseite des Segels ab, weil die Kurve, um die sie strömen soll, zu scharf ist. Doch am Großsegel wird der Vorlieksbereich vom Mast zu stark abgeschattet, als daß diese Wirkung deutlich sichtbar würde. Mehr davon auf späteren Seiten, wo von den Windfäden die Rede sein wird.

In der Praxis kann das Segel so zum Wind angestellt werden, daß der Druck auf beiden Seiten im vorderen Teil des Segels gerade noch nicht gleich ist; dieser Anstellwinkel des Segels wird natürlich mit der Großschot kontrolliert.

Mit einer gefierten Großschot hat man sehr wenig Kontrolle über die achtere Hälfte des Segels. Ihr nach unten gerichteter Zug ist nur wirksam, solange der Baum direkt über dem Haltepunkt der Schot an Deck steht, bzw. über dem leeseitigen Ende des Großschot-Travellers, wenn ein solcher vorhanden ist.

Ohne den nach unten gerichteten Zug wird der Baum bei gefierten Schoten nach oben steigen, so daß sich das Achterliek des Segels nach Lee verwinden kann.

Baumniederhalter

Zuviel Verwindung vermindert die Vortrieb erzeugende Wölbung und verkleinert zugleich im Kopfbereich den Anstellwinkel des Segels zum Wind, so daß es hier zu killen beginnt oder sogar back schlägt. Der Auftrieb im Kopfbereich wird reduziert und geht möglicherweise vollständig verloren.

Deshalb muß eine vertikale Kontrolle über den Baum und damit über das Achterliek des Segels eingeführt werden, und die wird durch den Großbaum-Niederhalter – populärer: Baumniederholer – erreicht.

Bei diesem Baumniederhalter ist eine Talje mit einer simplen, soliden Stange kombiniert. Mit letzterer kann die Verwindung im Großsegel verstärkt werden; zugleich hält sie auch den Baum beim Reffen horizontal.

Die Walder-Baumbremse spricht auf Reibung an. So wirkt sie nicht nur als Baumniederhalter, sondern kontrolliert den Baum auch beim Halsen.

Der Niederhalter, der aus einer einfachen Talje, einem Spannhebel, einer soliden Stange mit Spindelvorrichtung oder aus einem hydraulischen Hebel bestehen kann, hat auf Regattabooten besonders auf Amwindkursen noch andere Funktionen zu erfüllen, doch seine wichtigste ist es, die Höhe des Baums und damit die Achterliekspannung zu kontrollieren, sobald das Boot raumschots segelt. Das Achterliek muß genau kontrolliert werden können, und damit wir den Grund dafür verstehen, kehren wir für einen Augenblick zur Aerodynamik zurück.

Bei raumeren Winden ist es ebenso wichtig, daß die Strömung vom Achterliek des Großsegels gut abfließt. Dagegen steht die Notwendigkeit, soviel Auftrieb wie möglich in einer möglichst vorwärts weisenden Richtung zu erzeugen. Letzteres erfordert ein vergrößertes Verhältnis von Wölbungstiefe zu Sehnenlänge im Großsegel, was durch Fieren des Ausholers am Schothorn oder durch Reduzieren der Mastbiegung oder auch durch eine Kombination beider Möglichkeiten erreicht wird. Auf jeden Fall wird das Achterliek — wenn sich die Wölbung vertieft und die Sehne verkürzt — dichter stehen, was einem Anstieg des Widerstands gleichkommt, der sich hierbei als Krängung bemerkbar macht. Ein gewisses Maß an Verwindung muß im Segel eingebaut sein, wenn das Boot so aufrecht und damit so effizient wie möglich segeln soll.

Auf raum-vorlichem Kurs, mit einem Schrick in der Schot, erzeugt das Großsegel mit seinem besser zu kontrollierenden Baum sehr viel mehr Auftrieb als das Vorsegel. Das gilt insbesondere für weit überlappende große Genuas, die überhaupt nicht richtig an dem raumenden Wind angestellt werden können und dabei an Auftrieb zugunsten des Widerstands verlieren.

Dies kann wiederum dem Auftrieb des effizienteren Großsegels entgegenwirken und nachteilig für die Balance des gesamten Boots sein. Starkes Leeruder wird nötig, um die Luvgierigkeit auszugleichen und das Boot auf Kurs zu halten, was wiederum die Widerstände im Unterwasserbereich vergrößert.

Vor dem Wind

Steht der Wind erst einmal achterlicher als querab, ist das Großsegel jedoch anderen Bedingungen unterworfen.

Bei raum-achterlichem bis achterlichem Wind erhält das Großsegel in der Zusammenarbeit der beiden Segel das Übergewicht. Auf einem direkten Vorwindkurs deckt es das Vorsegel,

Links: Das Achterliek des Großsegels steht zu dicht. Rechts: Das Verhältnis von Wölbungstiefe zu Sehnenlänge ist verkleinert worden, indem Verwindung ins Achterliek gebracht wurde, so daß es nun der Kurve des Vorsegel-Achterlieks folgt.

83

Vor dem Wind ist Verwindung im Großsegel unwirksam. Links verliert das Achterliek Strömung. Rechts ist der Niederholer durchgesetzt, wodurch das Achterliek straffgezogen wurde.

das weiterhin auf der Leeseite steht, vollständig ab.

Wichtiger ist, daß das Großsegel den Wind nicht länger um sein Vorliek lenken kann, damit er auf seiner Leeseite Vortrieb erzeugt. Der Anstellwinkel zum Wind ist zu spitz.

Beim Kräfteverhältnis überwiegt jetzt aerodynamischer Widerstand fast vollständig den Auftrieb. Deshalb muß sich der Segler darum bemühen, mit dem Segel soviel Widerstand wie möglich zu erzeugen.

Die Windströmung, die quer zum Segel verläuft, muß nun so begrenzt werden, daß möglichst viel positiver Druck auf der Luvseite entsteht und zugleich an den Kanten so wenig wie möglich Luft auf die Leeseite des Segeldreiecks in die Bereiche niedrigeren Drucks überfließt. Mit anderen Worten: Der Tragflügel muß nun so umgeformt werden, daß er möglichst wenig Strömung erzeugt. Indem die Wölbung an Vor- und Achterliek vertieft wird, sammelt das Segel die Luftströmung auf seiner Luvseite und verlangsamt sie dabei zugleich, womit

sich die Widerstand erzeugende Fläche erhöht. Luftwirbel, die induzierten Widerstand bedeuten, ergeben sich an beiden Seiten des Segels.

Um einen solchen Querschnitt zu erreichen, muß der Ausholer am Schothorn voll aufgefiert werden. Die maximale Wölbung darf jetzt ins Segel zurückfallen; das Achterliek wird durch das Durchsetzen des Baumniederholers gestrafft.

Achterliekspanner

Eine letzte Kontrollmöglichkeit für diesen Kurs zum Wind ist ein leichtes Tau, das innerhalb des Achterlieks

Von der Seite gesehen, gleicht die Wölbung in diesem Großsegel der eines sehr flachen Spinnakers. Das Achterliek steht dicht, und das Segel wandelt den achterlichen Wind voll in Widerstand um.

▼ *Die Talje zum Strecken des Achterlieks ist bei einem großen Großsegel sehr wichtig.*

vom Kopf zum Schothorn läuft. Üblicherweise ist es am Kopfbrett befestigt, tritt am Schothorn heraus und läuft dann über eine Umlenkrolle zum Lümmelbeschlag. Erst neuerlich ist eine Variation erschienen: Hierbei ist das Bändsel am Schothorn befestigt, tritt dann am Kopf aus dem Segel heraus und wird über einen Umlenkblock am Vorliek hinunter zum Lümmelbeschlag geführt. Beides dient dem gleichen Zweck.

Unter Spannung zieht sich die Liekleine gerade, kantet die elliptische Achterliekstundung nach Luv und vertieft damit die Wölbung des Segels im gesamten Bereich des Achterlieks.

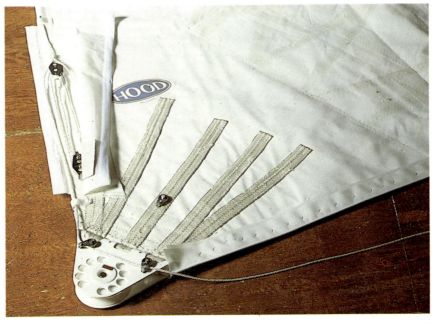

Die Vorsegel

Bei jeder Mehr-Segel-Takelage ist am Wind das vordere Segel das wichtigste. Nicht allein ist die von diesem Segel entwickelte Gesamtkraft per Quadratmeter eineinhalbmal so groß wie die des hinteren Segels, auch der Anteil des Auftriebs in Fahrtrichtung (also des Vortriebs) ist beträchtlich größer als die krängende Querkraft. Das alles ergibt sich durch die vom Großsegel erzeugte kreisförmige Luftströmung und ihre Wirkung auf die das Vorsegel umströmende Luft. Die Wirksamkeit des Großsegels vermindert sich, verstärkt jedoch zugleich die des Vorsegels, indem sie den scheinbaren Wind am Vorsegel raumen läßt.

Welche Rollen hat also das Vorsegel zu spielen?

Als Anströmkante der Segelkombination muß es den von Luv anströmenden Wind um seine Vorderkante herumleiten und an seiner Leeseite anliegend entlangströmen lassen. Dabei wird es nicht nur die um das Vorsegel selbst kreisförmig strömende Luft verstärken, sondern auch die Kreisströmung um das Großsegel, was seinerseits den scheinbaren Wind, in dem das Vorsegel arbeitet, raumen läßt.

Der Wunsch, das Vorsegel so zu gestalten, daß es möglichst viel Auftrieb erzeugt, war bisher immer beschränkt durch die Notwendigkeit, den Widerstand gering zu halten. Denn muß die Strömung in einem zu scharfen Winkel um die Wölbung des Vorsegels fließen, so wird damit einerseits der Vortrieb vermindert und andererseits der Druckwiderstand erhöht.

Sowohl die Lage der größten Wölbung wie auch das Verhältnis von Wölbungstiefe zu Sehnenlänge muß einstellbar sein. Die Variationsmöglichkeit muß jedoch bei weitem nicht so hoch sein wie beim Großsegel. Bei auffrischendem Wind zum Beispiel kann ein Vorsegel gegen ein kleineres und flacheres ausgewechselt werden.

Bei raumeren Winden wird der Anteil des Vorsegels am gesamten Vortrieb jedoch leider geringer. Auf raum-seitlichem Kurs kann man es gerade noch soweit kontrollieren, daß es einigen Auftrieb erzeugt, doch wenn der Wind weiter raumt, verwandelt sich der Vortrieb sehr schnell in Widerstand. Die Strömung über die Leeseite reißt immer früher ab. Auf raum-vorlichen und raum-seitlichen Kursen zum Wind dreht der Auftrieb glücklicherweise immer stärker in Fahrtrichtung, während der Anstieg des Widerstands sich nur als Krängung bemerkbar macht. Die relative Unwirksamkeit des Vorsegels im Verhältnis zum Großsegel auf raumeren Kursen fällt am meisten auf bei Booten mit großen, überlappenden Genuas. Anders als das Großsegel, dessen Form durch den Baum auf allen Kursen zum Wind kontrolliert werden kann, ist die Kontrolle der Wölbung bei Genuas durch Schotführung und auf Deck montierte Leitschienen bei raumendem Wind sehr begrenzt.

Auf raumem Kurs mag das Vorsegel in einer Bö sehr kraftvoll erscheinen. Doch tatsächlich wird der Vortrieb durch den selbsterzeugten Widerstand mehr als aufgefressen, und der wirkliche Vortrieb kommt vom Großsegel. Man merkt das, wenn man in einer solchen Situation die Pinne stark nach Luv legen muß, um die relative Wirkung beider Segel (Luvgierigkeit und Krängung) auszugleichen.

Liegt man erst einmal vor dem Wind, machen sich noch andere Nachteile bemerkbar. Je raumer der Wind kommt, um so mehr wird das Vorsegel vom Großsegel abgedeckt; bis es schließlich auf der anderen Seite des Boots (also zum „Schmetterling") gesetzt werden kann, trägt es zum Gesamtvortrieb nur sehr wenig bei.

Da das Vorsegel demnach seine Wirksamkeit vor allem auf Amwindkursen entfaltet, muß es auch unter diesen Bedingungen gesondert betrachtet werden.

Foto: Rick Tomlinson/PPL

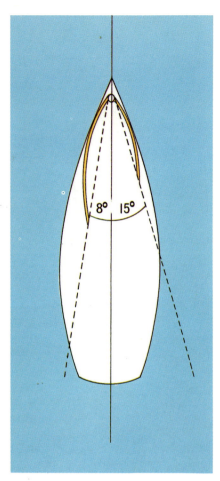

Bei gleichem Anschnittwinkel am Vorstag ist der Schotwinkel direkt proportional zur Sehnenlänge.

Die Anschnittkante

Um also die Bedeutung des Vorsegels für die gesamte Kräftegleichung zu erfassen, müssen wir uns noch einmal vergegenwärtigen, wie sich die Strömung an der Anschnittkante verhält. Die umkreisende Strömung, die sich an einem einzelnen Tragflügel einstellt, biegt den Wind bereits zur Anschnittkante hin, bevor er sie noch tatsächlich erreicht hat. Das ist der Aufwind. Wenn zwei Tragflügel – oder Segel – zusammenwirken, verstärkt die das hintere oder Großsegel umkreisende Strömung den sich dem Vorsegel-Vorliek nähernden Aufwind, indem sie seine scheinbare Geschwindigkeit reduziert. Der scheinbare Wind wird nach achtern gezogen, und das Vorsegel erhält einen wirksamen Auftrieb.

Das hat zwei Vorteile.

Der Anstellwinkel

Am wichtigsten ist der erste Punkt: Der Winkel zwischen der Sehne des Segels und der Mittschiffslinie kann vergrößert werden. Damit dreht sich die vom Vorsegel erzeugte Gesamtkraft (Auftrieb und Widerstand) mehr nach vorne in die Richtung, in die das Boot fahren soll. Der Vortrieb wird erhöht und die Krängung vermindert.

Diese Vergrößerung des Anstellwinkels beim Vorsegel kann recht groß sein im Vergleich zu dem des bis dicht an die Mittschiffslinie geschoteten Großsegels. Bei kleinerem Vorsegel vergrößert er sich noch proportional zu Sehnenlänge und Wölbungstiefe. Bei gleichem Anstellwinkel am Vorliek bildet eine große, stark überlappende Genua etwa einen maximalen Winkel von 8 Grad, gemessen zwischen Segelsehne und Mittschiffslinie, während eine nicht überlappende Fock ungefähr einen Winkel von 15 Grad erreicht.

Wölbungstiefe

Der zweite Vorteil liegt in dem Wölbungsgrad, den das Vorsegel erhalten kann, da ja das Verhältnis von Wölbungstiefe zu Sehnenlänge unmittelbar das Verhältnis von Auftrieb zu Widerstand bestimmt.

Wegen des vergrößerten Anstellwinkels kann das Verhältnis von Wölbungstiefe zu Sehnenlänge erhöht werden, wodurch nun wiederum der Auftrieb vergrößert wird. Da der Anstellwinkel größer als der des Großsegels ist, vermindert sich auch die Gefahr des Abreißens der Strömung. Das Verhältnis von Auftrieb zu Widerstand bleibt trotz der vertieften Wölbung positiv.

Im oberen Teil einer großen, zum Masttopp reichenden Genua ist ein Verhältnis von 18 Prozent zwischen Wölbungstiefe und Sehnenlänge durchaus wahrscheinlich, während es bei einem modernen Großsegel vergleichsweise ungefähr 14 Prozent ausmacht. Bei kleineren Vorsegeln verkleinert sich auch das Verhältnis von Wölbungstiefe zu Sehnenlänge. Eine flache, niedrig geschnittene Fock kommt zum Beispiel in der Wölbungstiefe einem Großsegel sehr nahe. Ein sehr hoch geschnittener, schmaler Klüver hat andererseits wegen seiner kurzen Sehnenlängen im oberen Teil vollere Querschnitte.

Das Verhältnis von Wölbungstiefe zu Sehnenlänge läßt sich natürlich nicht von einer anderen bereits bekannten Größe, der Verwindung, trennen. In einem früheren Kapitel haben wir bereits festgestellt, daß das Hauptziel für das Einbauen von Verwindung in dreieckige Segel darin besteht, im oberen, schmaleren Teil des Segels größere oder tiefere Wölbung zu erreichen. Wenn die Strömung hier über der stärker gerundeten Leeseite nicht abreißen soll, muß der Anstellwinkel zum Kopf des Segels hin zunehmend vergrößert werden.

Der Grad an Verwindung sollte bei einem Vorsegel größer sein, als er in ein Großsegel eingebaut wird. Anders als das Großsegel kann das Vorsegel nicht von einem vor ihm stehenden Segel profitieren, das die Strömung an seine Leeseite bindet. Die Strömung, die schon am Vorliek des Vorsegels um eine relativ scharfe Kurve fließen muß, würde, wenn sie die Möglichkeit hätte, im oberen Teil des Segels frühzeitig abzureißen, im Gesamtbereich beider Segel erheblich weniger Auftrieb erzeugen.

Die Notwendigkeit, den vorderen Teil des Großsegels so auszurichten, daß er der Wölbung und Verwindung im Achterliek des Vorsegels folgt, haben wir schon im vorigen Kapitel diskutiert. Dies ist die andere wesentliche Vorbedingung, um eine nicht abreißende Strömung über beide Segel zu erreichen.

Auf siebenachtel-getakelten Booten wird dabei ein noch größerer Grad an Verwindung im Vorsegel nötig. Zum einen wird das Siebenachtel-Vorsegel in einem Bereich schmaler, in dem das Großsegel einen viel breiteren Querschnitt besitzt; zum anderen ist in diesem Bereich der von der breiteren Sehne des Großsegels erzeugte Aufwind größer. Das ergibt ein überproportionales Raumen des scheinbaren Windes. Auch deshalb muß mehr Verwindung ins Vorsegel eingebaut werden, wobei sich das Verhältnis von Wölbungstiefe zu Sehnenlänge auf normalerweise rund 12 Prozent verkleinert.

Das einfache „North-Sailscope" zeigt sowohl das richtige Verhältnis von Wölbungstiefe zu Sehnenlänge wie auch – was noch wichtiger ist – die richtige Lage der größten Wölbungstiefe recht genau an.

Doch die Aerodynamik ist nicht für alles verantwortlich, was ein Vorsegel von einem Großsegel unterscheidet. Noch wichtiger dafür ist das Nichtvorhandensein eines starren Baums als Stütze des Unterlieks.

Halt und Spannung

Wenden wir uns wieder einer Karte der Kraftlinien zu, diesmal für ein mittelhoch geschnittenes Vorsegel, so zeigt sich ein ähnliches Muster von Linien gleicher Kraftentfaltung wie bei einem Großsegel. Doch gibt es Unterschiede. Einerseits wird das Segel zwischen den gleichen drei Punkten, Hals, Kopf und Schothorn, in Spannung gehalten; andererseits jedoch haben Achter- und Unterliek nur Halt an einem einzigen Punkt – dem Schothorn.

Da nur eine Seite des Segels gehalten wird, nämlich das Vorliek am Vorstag, wird ein Einfallen des Unterlieks und, was noch wichtiger ist, auch des Achterlieks nur von der den Winkel am Schothorn ungefähr halbierenden Schot verhindert. Das verursacht nicht nur Trimmprobleme für den Segler, sondern bedeutete im Laufe der Jahre auch beträchtliche Probleme für die Segelmacher.

Von den beiden nicht gehaltenen Kanten entsteht am Achterliek, das quer zur Strömung verläuft, die höchste Kraftentfaltung. Es ist außerdem die längere der beiden Kanten, an der also die widerstandsfähigeren Schußgarne entlanglaufen müssen. Leider bedeutete das, daß die Bahnen am Unter- wie am Vorliek quer auftrafen. Bei letzterem, das vom Vorstag gehalten wird, war dies nicht so schlimm wie im anderen Fall. Noch vor 20 Jahren bestand die Antwort darin, das Segel zu teilen, so daß die Schußgarne sowohl am Unter- wie am Achterliek entlang liefen und die Bahnen sich im Körper des Segels an der Mittelnaht trafen.

Heute werden nur wenige diagonal geschnittene Vorsegel mehr hergestellt, doch dank der Langlebigkeit des Kunststofftuchs sind noch viele in Gebrauch.

Durch das Aufkommen stärker strukturierter Gewebe in den späten 70er Jahren ist das diagonal geschnittene Segel jetzt schon fast eine Sache der Vergangenheit. Ständige Verbesserungen im Entwurf und bei der Herstellungskontrolle haben Gewebe mit ausreichender eigener Struktur entstehen lassen, die der Tendenz zum Einfallen des Unterlieks widerstehen können, während Techniken der Segelmacherei wie Verdopplungen am Achterliek noch größere Kontrolle über diesen kritischen Bereich ermöglichen.

Natürlich war der Drang zur Materialverbesserung nicht allein durch das Einfallen des Vorsegelunterlieks motiviert. Die größere strukturelle Zuverlässigkeit moderner Tuche hat sich im gesamten Vorsegel-Bereich bemerkbar gemacht.

Zwar entfalten sich die größten Kräfte am Achterliek, doch ist dies nicht so unverhältnismäßig wie bei einem schmalen, hochgeschnittenen Großsegel. Zur gleichen Zeit entstanden ja auch Tuche mit geringem Diagonalreck. Wie wir schon sahen, wird dies am besten mit einem ausgeglichenen Gewebe erreicht, bei dem Kett- und Schußgarne gleich stark sind und die Kräuselung gering ist. Kunststofftuche für Vorsegel bestehen deshalb – im Unterschied zu dem für flachgeschnit-

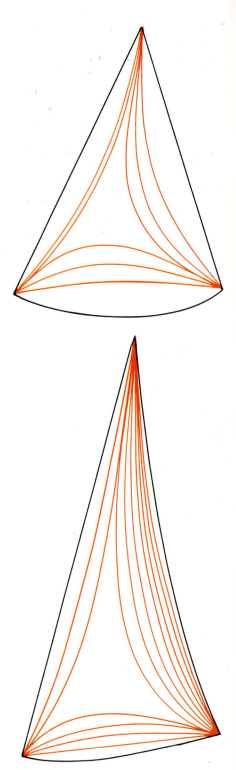

Oben: Die isostatischen Kraftlinien in einem mittelhoch geschnittenen Vorsegel sind gleichmäßiger als in einem Großsegel. Wird die Höhe des Segels im Verhältnis zur Unterliekslänge größer (unten), gleichen die Kraftlinien am Achterliek eher denen eines Großsegels.

tene Klüver – aus diesem ausgeglichenen Gewebe. In laminierte Segel, bei denen Diagonalreck durch den Kevlarfilm beschränkt ist, werden verschiedenartige Verstärkungen eingebaut, um die auf das Achterliek einwirkenden Kräfte aufzufangen, ganz ähnlich wie bei den Großsegeln.

Die Auswechselbarkeit des Vorsegels

Zwischen Vorsegeln und dem Großsegel besteht ein grundlegender Unterschied. Jedes Vorsegel muß nur innerhalb eines bestimmten Bereichs der gesamten Windskala arbeiten, mit der das Großsegel zurechtzukommen hat. Das reduziert die Notwendigkeit zur Justierbarkeit des einzelnen Vorsegels beträchtlich.

Die Mode spielt wie in anderen Lebensbereichen natürlich auch bei Segeln eine Rolle. Die ersten Kunststoffsegel waren synthetische Versionen des traditionellen Segeltuchs, wobei ihre Form durch einen Vorliekdraht bestimmt wurde, der – erst einmal hart durchgesetzt – jede weitere Kontrolle über den Grad oder die Lage der Wölbung im Segel beschränkte. So mußte man zum Regattasegeln eine breite Palette an Vorsegeln mitführen.

Das reckbare Vorliekband wurde nur eingeführt, um eine gewisse Kontrolle über die Form des Segels bei unter-

Das Dacron-Gewebe für ein leichtes, mittelhoch geschnittenes, konventionelles Vorsegel (oben) ist viel ausgeglichener als das vorher gezeigte Gewebe für Großsegel. Die Schußgarne sind zwar etwas stärker als die Kettgarne, aber auch stärker gekräuselt. Bei dem in gleicher Vergrößerung (80fach) dargestellten Gewebe für ein schwereres, hochgeschnittenes Vorsegel (unten) wird sichtbar, daß sich die Schußgarne wieder strecken, um den starken Achterliekspannungen entgegenzuwirken.

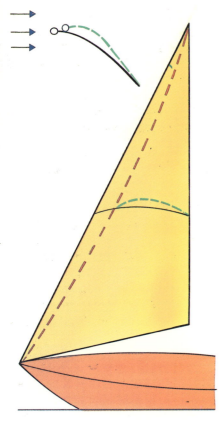

Hängt das Vorliek durch (rot gestrichelte Linie), erhöht sich das Verhältnis von Wölbungstiefe zu Sehnenlänge (von der schwarzen zur grün gestrichelten Linie).

schiedlichen Windbedingungen zu bekommen; doch dann hatte jeder Schritt in der Materialentwicklung das Ziel, den Zwang zur Veränderung von Spannungen innerhalb des Vorsegels zu vermindern.

Die drei Fotos auf Seite 95 zeigen, wie bei einem unstrukturierten Kunststoffsegel von 1977 die Lage der größten Wölbungstiefe über die Vorliekspannung verändert wird. Zwischen den extremsten Positionen wurde das Fall nur um ungefähr 12 Zoll (30,5 cm) durchgesetzt. Bei einem der ersten, rund fünf Jahre später entstandenen laminierten Segel hätte man das Fall für das gleiche Ergebnis nur um etwa ein Viertel dieser Strecke durchsetzen

müssen, und weitere fünf Jahre später hätte das neueste laminierte Segel auf gleich welche Veränderung der Fallspannung wohl kaum irgendeine Reaktion gezeigt.

Das Ziel des Fortschritts war natürlich nicht die Reduzierung der Kontrollmöglichkeiten. Ziel war vielmehr, Segel herzustellen, die stabil genug sind, um sich bei Änderungen der Windgeschwindigkeit oder der Fahrt des Bootes nicht zu verziehen. In dem beschränkten Windbereich, in dem Vorsegel zu arbeiten haben, ist dieses Ziel für die Vorhut der Segler in den Regattaflotten jetzt erreicht. Für alle anderen, die ihre vorhandenen Segel geduldig bis zu deren natürlichem Ende fahren wollen, heißt es noch eine Weile mit allen vorhandenen Mitteln Kontrolle über die Form des Segels zu gewinnen.

Das Vorliek

Auch wenn es dem Vorsegelvorliek einen gewissen Halt gibt, ist das Vorstag von seiner Natur her etwas anderes als der solidere und stabilere Mastabschnitt, der das Großsegel hält.

Unter der Last des Segels sackt das biegsame Vorstag durch. Praktisch ist es unmöglich, dieses Durchsacken vollständig zu verhindern, obgleich es verschiedene Möglichkeiten gibt, es zu vermindern und, was noch wichtiger ist, zu kontrollieren.

Später, wenn wir uns mit dem Segeltrimm beschäftigen, erkennen wir, daß das Durchsacken des Vorlieks zu einem wichtigen Element der Kontrolle über die Segelwölbung geworden ist – allerdings nur, wenn der Segler den Grad des Durchhängens ständig kontrollieren kann. Mehr dazu im Kapitel über den Trimm der Takelage.

Also ist das Durchsacken des Vorlieks prinzipiell nichts Schlechtes, vorausgesetzt:

a) es ist unter Kontrolle und
b) der Segelmacher weiß vor dem Zuschneiden des Segels, um wieviel das Vorstag noch durchhängen wird, wenn das Rigg unter maximaler Spannung steht.

Nur mit diesem Wissen kann die Vorliekskurve des Segels so geschnitten werden, daß sie das Durchhängen des Vorlieks noch auffangen kann, wenn die Windbedingungen die Obergrenze des Segels erreichen. Denn an diesem Punkt ist ein durchhängendes Stag besonders kontraproduktiv. Wenn der Wind zunimmt und das Stag stärker durchhängt, wird das Vorliek in Richtung Achterliek zurückgeweht, wobei sich die Sehnenlänge des Segels verkürzt und die Wölbungstiefe zunimmt; und eigentlich brauchte man hier die genau entgegengesetzte Wirkung.

Profilstag oder Stagreiter?

Wo wir schon beim Vorliek sind, sollten wir uns die verschiedenen Methoden der Befestigung des Vorsegels am Vorstag anschauen. Lassen wir die Rollfocksysteme noch für einen kurzen Augenblick beiseite. Hier geht es nur um die Alternative zwischen den traditionellen Stagreitern und einem mit einer Keep versehenen Profil in voller Vorstaglänge, in das eine moderne Kunststoffversion des Liektaus eingezogen wird; man kann es auch als eine Variation der Mastkeep betrachten, in die das Großsegelvorliek eingezogen wird.

Aerodynamisch ist das Pro und Kontra ausgeglichener, als man denken möchte. Einerseits ist das Profilstag unvermeidlich dicker und müßte deshalb den Widerstand erhöhen; andererseits ist es aerodynamisch eins mit dem gesetzten Segel, und so ist der dem Profil zurechenbare Anteil des Widerstands erheblich vermindert. Betrachtet man Segel und Profil als eins, wird tatsächlich weniger Wider-

steme bequemer und leichter zu handhaben ist. Die Stagreiter gewinnen mit weitem Vorsprung. Wird das Segel niedergeholt, so bleibt es fest am Boot angeschlagen und kann auf Deck gesichert werden, bis es wieder gesetzt oder unter Deck verstaut wird. Außerdem kann ein mit Stagreitern angeschlagenes Vorsegel von einem Mann gesetzt werden. Ein Profilstagsystem macht wenigstens zwei erforderlich – einen, der das Vorliek einfädelt und kontrolliert, und einen zweiten, der das Fall einholt und belegt. Profilstage sind im Grunde genommen nur deshalb so verbreitet, weil man mit ihrer Hilfe ein neues Segel setzen kann, ehe man das alte wegnimmt, und das kommt natürlich der Schnelligkeit zugute.

In aerodynamischer Hinsicht sind beide Systeme auch deshalb praktisch gleichwertig, weil sich am Vorstag die Luftströmung ja sowieso trennen muß.

Das Profilstag ist deshalb so attraktiv, weil man mit ihm beim Vorsegelwechsel keinen Augenblick ohne Vorsegel dasteht...

...während die traditionellen Stagreiter den Vorteil haben, auch noch das niedergeholte Segel festzuhalten.

stand erzeugt als von einem Vorstag mit rundem Querschnitt aus Draht oder Stangenmaterial, obwohl es einen kleineren Durchmesser besitzt. Zweifel an dieser aerodynamischen Rechnung bleiben insofern, als nicht ganz klar ist, ob bei der Verwendung von Stagreitern das Vorstag wegen seiner Nähe zur Anschnittkante des Segels ebenso wie das Profilstag in die Berechnung des Widerstands mit einbezogen werden darf. Tut man dies nicht – und niemand hat bisher diesen Punkt gründlich genug untersucht –, dann wäre der an einem mit Stagreitern angeschlagenen Vorsegel erzeugte Widerstand viel geringer als bei einem Profilstag, wie wirksam und aerodynamisch letzteres auch erscheinen mag.

Keine Differenzen gibt es allerdings bei der Frage, welches der beiden Sy-

93

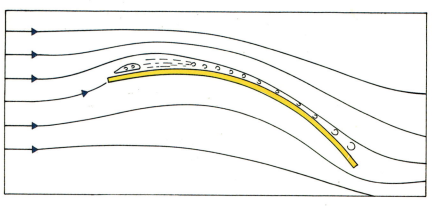

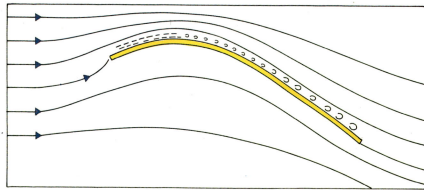

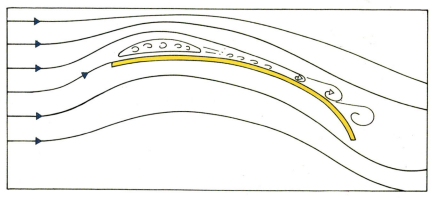

ist. In Anbetracht der veränderlichen Form und Struktur der Segeloberfläche und der ständigen Bewegungen des Bootes selbst ist die echte laminare Strömung verständlicherweise nur schwer faßbar.

Schon recht weit vor der größten Wölbungstiefe wird die laminare Strömung turbulent werden. Auch diese produziert immer noch Vortrieb und ist nicht mit der abreißenden Strömung gleichzusetzen. Denn es ist ja das Abreißen der Strömung, wenn die beschleunigte Strömung niedrigen Drucks sich in der Zone höheren Drucks verlangsamt, vor dem man sich vor allem vorzusehen hat. Bevor die Strömung also abreißen kann, muß die relativ schnell fließende Luft niedrigen Drucks auf der Leeseite des Großsegels die Möglichkeit bekommen, sie so weit anzuziehen, daß sie den Sprung über die Öffnung zwischen beiden Segeln machen und damit ihren vortrieberzeugenden Fluß fortsetzen kann.

Deshalb wollen wir untersuchen, wie drei verschiedene Vorsegelquerschnitte mit jeweils anderer Lage der maximalen Wölbungstiefe die Strömung beeinflussen. In der obersten Zeichnung liegt die maximale Wölbungstiefe bei rund 45 Prozent, nach übereinstimmender Meinung von Aerodynamikern und Segelmachern die beste Position bei einem gut ziehenden Vorsegel auf ruhigem Wasser. Die scharfe Kurve, die die Luft beim Anströmen zu nehmen hat, hat vorne zu einer Abriß-„Blase" geführt, und die relativ starke Abnahme der Wölbung nach dem Punkt der größten Wölbungstiefe erzeugt die Tendenz, die Strömung vorzeitig abreißen und Widerstand entstehen zu lassen. Jede Änderung der Windgeschwindigkeit oder des Bootskurses zum Wind wird entweder das Vorliek einfallen lassen oder die vordere Blase vergrößern

Strömung am Vorsegel

Wir erinnern uns, daß ein in eine Strömung in einem bestimmten Winkel eingeführter Tragflügel diese Strömung tatsächlich zu seiner Anschnittkante hinbiegt.

Die Strömung muß sich zum Vorsegelvorliek hin in der Tat so scharf biegen, daß sie nach dem Umfließen dieser Ecke sozusagen „aufgibt". So bildet sich gleich hinter der Leekante des Vorlieks eine kleine „Blase" abreißender Luft. Wahrscheinlich ist sie in mehr oder weniger starkem Maße beim Amwindsegeln dort immer vorhanden. Ihre Breite läßt sich jedoch kontrollieren.

Hinter der „Blase" legt sich die Luft für eine relativ kurze Strecke als laminare Strömung ans Segel an. Wir erinnern uns, daß dies die wirksamste, nur selten erreichte Art der Strömung

das könnte zu vollständigem Abreißen der Luftströmung auf der Leeseite führen. In der mittleren Zeichnung wurde die größte Wölbungstiefe weiter nach vorne verlagert, während zugleich der gesamte Achterlieksbereich abgeflacht ist. Die Blase an der Vorderkante ist verschwunden, weil die größte Wölbungstiefe jetzt weiter vorne liegt und die Luftströmung sich deshalb nicht mehr so scharf um das Vorliek biegen muß. Nach dem Punkt der größten Wölbungstiefe vermindert der relativ flache Querschnitt des Segels die Wahrscheinlichkeit, daß die Luftströmung schnell aus dem niedrigen Druck in den Bereich Widerstand erzeugenden höheren Drucks gerät. Jedoch wird die erhöhte Wölbungstiefe auf der Luvseite des vorderen Segelbereichs dazu führen, daß das Boot nicht mehr so hoch an den Wind geht. Diese Stellung ist, wie wir bei der Behandlung des Segeltrimms noch sehen werden, ideal für Amwindkurse bei rauherer See.

Für diese beiden Formen spricht also vieles bei den jeweils passenden Segelbedingungen. In aerodynamischer Hinsicht ist die dritte (untere) Form auf jeden Fall schlecht.

Der maximale Zug liegt nun gut hinter dem Mittelpunkt der Sehne, und der vordere Teil des Segels ist sehr flach. Diesen Zustand findet man häufiger bei Segeln aus frühen, unstrukturierten Kunststofftuchen, wenn bei auffrischendem Wind der Vorliekspannung keine oder zu wenig Aufmerksamkeit gewidmet wurde. Übersieht man es jedoch, das zusätzliche Gewicht des Windes im Segel durch zusätzliche Vorliekspannung zu kompensieren, wird die Wölbung im Segel nach achtern geblasen.

Die Strömung kann den scharfen Winkel am Vorliek nicht mehr einfach umfließen, und so bildet sich eine große Abriß-Blase. Die wenige verbleibende

Die drei Fotos zeigen Vorsegelformen in der Praxis. Oben liegt die Wölbung richtig für einen Kurs hoch am Wind auf ruhigem Wasser. Oben rechts liegt sie selbst für das Segeln in schwerer See zu weit vorne; und unten rechts ist sie nach achtern ins Segel geweht worden.

anliegende Strömung im vorderen Teil des Segels wird durch den relativ flachen Querschnitt an dieser Stelle fast unwirksam gemacht; Auftrieb wird beinahe nur noch in seitlicher Richtung erzeugt. Die relativ scharfe Wölbungskurve achtern verstärkt außerdem die Gefahr des Abreißens, wenn die Strömung erst einmal den Punkt des tiefsten Drucks passiert hat, womit sich auch die Möglichkeit zu einem Überspringen der Öffnung zwischen beiden Segeln zum Großsegel hin vermindert. Es gibt also nichts, was für diesen Segelquerschnitt spricht.

Einrollendes Achterliek

Zwischen dem oben beschriebenen Zustand und dem einrollenden oder harten Achterliek, das gelegentlich bei allen Segeln auftritt, gibt es einige Parallelen. Natürlich ist die schlechte Wirkung auf die gesamte Auftriebs-/Widerstandsrechnung nirgend so groß wie bei dem oben beschriebenen Segeltrimm.

Die gewöhnliche Ursache für das Einrollen des Achterlieks nach Luv ist die Verdopplung, die ins Segel genäht wurde, damit das Liek nicht ausreißt. Diese doppelte oder gar dreifache Tuchstärke dehnt sich weniger als das benachbarte Tuch. Mit der Zeit verursachen die starken Kräfte am Achterliek ein dauerhaftes Nachgeben dieses benachbarten Tuchs.

Deshalb baut ein guter Segelmacher in die Verdopplungen am Achterliek ein wenig Zugabe ein, zugleich aber auch eine Liekleine, mit der das Achterliek bei gesetztem Segel gespannt werden kann, damit es nicht killt.

Leider reckt sich das benachbarte Tuch mit der Zeit, so daß die Tuchzugabe am Liek ausgeglichen wird. Die einzige vernünftige Lösung ist dann, das Segel zum Segelmacher zurückzubringen, damit er die Nähte neu anpaßt. Es ist schon erstaunlich, wie wenige Segel für diese einfache und billige Änderung zum Segelmacher zurückgehen. Einen Begriff von der Wirkung, die ein nicht einrollendes Achterliek auf die Leistungsfähigkeit des Segels hat, kann man am Beispiel ambitionierter Regattasegler gewinnen; bei ihnen ist es durchaus nicht unüblich, daß ein favorisiertes Vorsegel für kleinere chirurgische Eingriffe am Achterliek in der Regattasaison alle zwei Monate zurück zum Segelmacher geht.

Ein Laserstrahl macht die Verwirbelunge an den Klappen eines neuen Boeing-Düse flugzeugs sichtbar. In kleinerem Maßstab e zeugt das eingerollte Achterliek eines Vors gels die gleichen Widerstandswerte.

Ein Vorsegel, dessen Unterliek das Deck b rührt (links), ist aerodynamisch dem Flüge eines Flugzeugs vergleichbar. Das Großsege (rechts) ist schwerer zu berechnen; da sei Unterliek frei vom Deck steht, gleicht e aerodynamisch eher den doppelten Tragflü geln eines Flugzeugs.

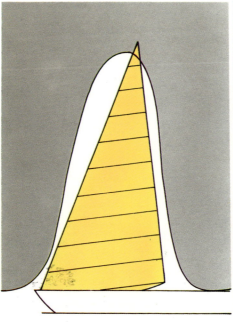
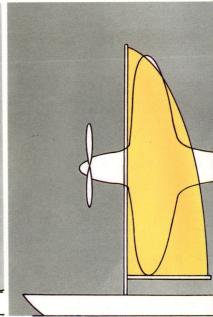

Das Unterliek

Wir erinnern uns, daß bei den Großsegeln in den letzten Jahren der Trend dahin ging, die Wölbung zum Unterliek hin abzuflachen. Die Idee, die zuerst beim Studium der auftrieberzeugenden Oberfläche formuliert wurde und sich dann auf den Regattabahnen als richtig erwies, entstand aus der Notwendigkeit, die Druckunterschiede auf beiden Seiten des Großsegels in einem Bereich zu vermindern, in dem der hohe Druck von der Luvseite unter dem Baum hindurch zum Bereich niedrigeren Drucks auf der Leeseite wandern kann. Das Ziel war, eine energiefressende Verwirbelung ebenso am Unterliek wie am Kopf des Segels zu reduzieren.

Merkwürdigerweise hat die gleiche Theorie von der auftrieberzeugenden Oberfläche – zusammen mit Fortschritten bei der Tuchfestigkeit – zu einer Vertiefung der Wölbung bzw. des Verhältnisses von Wölbungstiefe zu Sehnenlänge am Unterliek von Vorsegeln geführt.

Zum Verständnis der Argumentation müssen wir zum Vergleich mit dem Flugzeugflügel zurückkehren. Wegen der Lücke zwischen dem Unterliek eines Großsegels und dem Deck des Bootes muß man in der aerodynamischen Theorie das Großsegel als Doppelflügel betrachten. Bei einem Flugzeugflügel gibt es zwischen Flügel und Flugzeugkörper keine solche Lücke. Ein Vorsegel gleicht andererseits diesem einzelnen Flügel viel eher, solange das Unterliek mit dem Bootsdeck so dicht wie möglich abschließt. Falls dies erreicht werden kann, bleibt die Strömung höheren Drucks auf der Luvseite des Segels und kann nicht unter dem Unterliek hindurch zur auftrieberzeugenden Strömung niedrigeren Drucks auf die Leeseite des Segels fließen. Damit wird denn auch die

Soll die Tragflügelidee wirksam werden, muß das Vorsegel wenigstens in der Sehnenmitte des Unterlieks das Deck berühren, was jedoch die Sicht stark behindert. Bei durchsichtigen laminierten Segeln verringert sich allerdings dieses Problem.

Verwirbelung am Schothorn verhindert.

Das Problem ist, daß diese Versiegelung von Unterliek und Deck, wenn sie wirksam werden soll, total sein muß; das Unterliek des Segels muß sich also physisch mit dem Deck verbinden. Diese Idee steht hinter der in den letzten Jahren modern gewordenen, bis aufs Deck hängenden Genua. Wie stimmig auch immer die Theorie sein mag – und tatsächlich gibt es einige interessante Gegenargumente –, für die meisten Segler wiegen andere Überlegungen die Wirksamkeit des übers Deck wischenden Unterlieks auf.

Solche Vorsegel sind geeignet für vollbemannte Regattayachten, auf denen genug Leute vorhanden sind, um dem halbblinden Rudergänger als Ausguck zu dienen. Für die meisten anderen Segler bedeutet ein höher geschnittenes Unterliek einfach bessere Seemannschaft. Auch die Gesamtdimensionen der Vorsegel beschränken das Maß, in dem das Unterliek parallel zum Deck geschnitten werden kann. In dem Maße, in dem das Verhältnis von Segelhöhe zu Breite größer wird, muß nämlich das Schothorn steigen. Bei den immer populärer werdenden Rollfocks ist ein bis aufs Deck reichendes Unterliek sowieso unpraktikabel. Eine solche Form würde sowohl das Aufrollen wie die Schotführung behindern. Doch davon später mehr.

Auf einigen neuen Regattamaschinen wird bereits die Deckskante abgerundet, um zu verhindern, daß Luftverwirbelungen an Bord steigen.

Dennoch hat sich die Idee vor allem in den Köpfen der Regattasegler festgesetzt. Am Horizont zeigt sich eine neue Lösung für das Unterliek, das die gesamte Fragestellung verändern könnte.

Decksverwirbelung

Bei der Untersuchung der Verwirbelungen an den Segeln haben wir bisher eine ausgelassen; diese jedoch könnte dazu führen, daß manche heilige Kuh geschlachtet werden muß. Trifft der über die Wasseroberfläche streichende Wind auf die horizontalen Oberflächen des Boots, so verhält er sich ähnlich dem Wind, der die Segel anströmt. Er wird also nach oben abgelenkt und über das Deck gezwungen. Dabei erhöht sich seine Geschwindigkeit, und er reißt an der scharfen Kante zwischen Rumpf und Deck ab. Nach der Theorie muß sich jetzt sofort ein Wirbel hoher Luftgeschwindigkeit bilden, der über das Deck und in die Luvseite einer bis auf Deck reichenden Genua zieht, wobei er die langsam fließende Strömung hohen Drucks empfindlich stört, bis er durch die Düse abzieht.

Das Interesse an diesem Phänomen hat bereits dazu geführt, daß bei einer zunehmenden Zahl von Regattayachten die Kante zwischen Bordwand und Deck abgerundet wurde. Kann die Theorie in der Praxis bewiesen werden, würde es das Ende des bis auf Deck reichenden Vorsegels bedeuten. Denn bildet sich tatsächlich auf beiden Seiten des Unterlieks niedriger Druck, hätte diese Unbequemlichkeit keinen Sinn mehr.

Folgt man dieser Theorie, so könnte man noch eine andere heilige Kuh in Frage stellen. Ergibt eine scharfe Deckskante tatsächlich eine so starke energiefressende Verwirbelung, welche Wirkung mag dann wohl die auf der Luvkante aufgereihte Crew haben?

Die Kontrolle des Vorsegels

Vor allem, weil jedes Vorsegel nur in einem relativ engen Windbereich zu arbeiten hat, sind im Vergleich zum Großsegel weniger Kontrollmöglichkeiten über seine Form nötig. Dies trifft besonders auf die jüngsten Entwicklungen der getemperten Tuche und der laminierten Segelkonstruktionen zu. Werden sie richtig gesetzt, so haben sie innerhalb des Windbereichs, für den sie entworfen wurden, kaum zusätzlichen, schon gar nicht ständigen Trimm nötig.

Im Kapitel über den Segeltrimm werden wir uns noch mit den Kontrollmöglichkeiten der Vorsegelform über die Vorstag- und Vorliekspannung beschäftigen. Doch hier, wo wir uns mit den auf alle Boote und für alle Segler zutreffenden Grundlagen auseinandersetzen, muß eine Möglichkeit der Kontrolle angesprochen werden.

Anders als beim Großsegel wird beim Vorsegel die Spannung zwischen Kopf und Hals nur durch die am Schothorn angreifende Schot ausgeglichen. Infolgedessen wird ein falscher Winkel, in dem die Schot einen Zug auf das Schothorn ausübt, das gesamte Segel aus dem Gleichgewicht bringen. Deshalb ist es nicht nur auf Amwind-, sondern auch auf Vorwindkursen so wichtig, die Schot immer im richtigen Winkel anzustellen.

Der Schotzug

Will man verstehen, welche Wirkung der Schotzug hat, stellt man sich am besten vor, daß das ganze Segel sich um einen Punkt ungefähr auf halber Höhe des Vorlieks dreht.

Ist die Schot so angewinkelt, daß sie mehr als nötig nach unten zieht, wird sich das Oberteil des Segels nach achtern drehen. Der Anstellwinkel wird im oberen Teil des Segels zum Kopf hin allmählich kleiner, womit sich zugleich die Verwindung vermindert und das Verhältnis von Wölbungstiefe zu Sehnenlänge vergrößert. Gleichzeitig führt die fehlende Spannung im Unterteil des Segels dazu, daß sich der Anstellwinkel am Vorliek vergrößert, und weil das Schothorn dichter zum Hals steht, das Verhältnis von Wölbungstiefe zu Sehnenlänge im unteren Teil des Segels ebenfalls.

Auf einer Regattayacht gibt es durchaus einen Grund für eine solche Schotstellung, nämlich bei abflauendem Wind.

Das Umgekehrte geschieht, wenn die Schot einen zu starken horizontalen Zug ausübt – also der Holepunkt zu weit achtern steht. Der obere Teil des Segels rollt nun nach vorne und vergrößert den Anstellwinkel. Der untere Teil flacht ab, und hin zum Segelhals wird der Anstellwinkel allmählich kleiner. Wie kann denn der richtige Schotzug bestimmt werden?

Bei vielen modernen Vorsegeln findet man im Bereich des Schothorns einen farbigen Streifen, der als Führung angenäht wurde; dies ist zwar recht nützlich, doch kann man manchmal nur schwer erkennen, ob die Schot tatsächlich mit diesem Streifen in Linie steht. Andererseits empfehlen einige Segelmacher, am Vorliek einen Punkt zu markieren, den man vom Schotleitblock aus anpeilen soll. Beide Systeme lassen sich jedoch nur bei neuen Segeln wirklich durchführen. Auch dann noch funktionieren sie besser in der Theorie und lassen für die Praxis einige Wünsche offen.

Die roten Wölbungslinien am Kopf und unterhalb der Segelzeichnungen stellen Querschnitte im oberen und unteren Teil des jeweiligen Segels dar. Links ist der Schotzug ungefähr ausgeglichen, und die Windfäden zeigen oben wie unten nach achtern. Beim mittleren Segel zieht die Schot zu weit nach vorne und beim rechten Segel zu weit nach achtern.

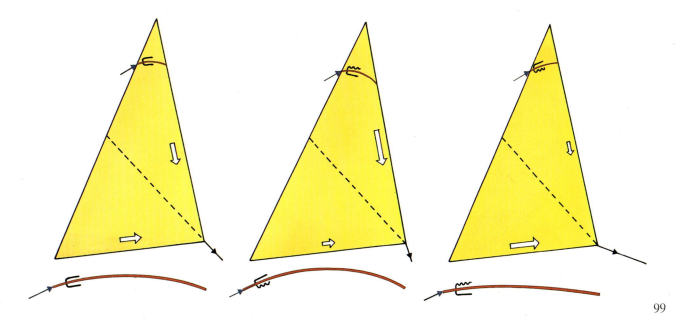

Das obere Segel zeigt die Praxis des linken Diagramms von der vorigen Seite. Alle Windfäden auf der Luvseite strömen in die gleiche Richtung. Beim mittleren Segel heben sich die unteren Windfäden, weil der Schot-Holepunkt zu weit vorne liegt; und das untere Segel zeigt das Gegenteil. Der Holepunkt sitzt jetzt zu weit achtern, und die oberen Windfäden heben sich.

Windfäden

Das bei weitem beste System besteht darin, das Vorliek des Segels mit einer Reihe von Windfäden auszustatten. Mit ihrer Hilfe kann man den Anstellwinkel am gesamten Vorliek gleichmäßig wirksam einstellen, und auf Amwindkursen sind sie eine unschätzbare Hilfe für den Rudergänger.

Windfäden bestehen zumeist aus dunkel gefärbtem Nylontuch oder aus Wolle und werden kurz hinter und parallel zum Vorliek angebracht. Ihre Länge und der Abstand vom Vorliek hängen von der Größe des Segels ab. Im allgemeinen sitzen sie 12 bis 18 Zoll (etwa 30 bis 45 cm) hinter dem Vorliek. Sie brauchen kaum länger als 6 Zoll (etwa 15 cm) zu sein. Wichtig ist, daß sie sich unbeeinflußt von einer Naht in jede Richtung frei bewegen können; denn nur allzu gerne bleiben sie an den hervorstehenden Nähten haften.

Im Handel sind aufklebbare Windfäden zu erhalten; doch die bei weitem beste Methode besteht darin, mit einer Nadel einen dunklen Wollfaden durch das Segeltuch zu stecken und auf beiden Seiten mit einem Überhandknoten zu befestigen. Bei nassen Segeln scheinen Wollfäden nicht so leicht am benachbarten Tuch hängenzubleiben wie die vielleicht hübscheren Nylonstreifen.

Stehen die Segel auf Amwindkurs voll und bei und ist der Holepunkt ungefähr richtig getrimmt, sollten die Windfäden auf der Luvseite alle

gleichmäßig nach achtern zeigen. Geht man dann vorsichtig etwas höher an den Wind, werden einige oder alle Windfäden mehr nach oben steigen. Heben sich die Fäden näher zum Segelkopf zuerst, ist der obere Teil des Segels zu weit nach vorne „gerollt" und der Holepunkt muß ein wenig nach vorne verstellt werden. Heben sich umgekehrt die Fäden am Unterteil des Segels zuerst an, ist der Anstellwinkel im unteren Teil des Vorlieks zu groß; der Holepunkt muß also etwas nach achtern verstellt werden, damit der Winkel kleiner wird. Heben sich alle luvseitigen Windfäden zugleich, greift die Schot im richtigen Winkel an. Am besten bringt man jetzt auf Deck eine Markierung für die richtige Position des Schlittens auf der Leitschiene an. Dies ist die mittlere Position für jeden weiteren Vorsegeltrimm.

Auf weitere Justierungen des Holepunkts in Längsschiffs- und in Querrichtung gehen wir weiter unten ein. Doch nun zu einer anderen Kontrollmöglichkeit mit direkter Auswirkung auf die Leistung des Segels.

Vorliekstrecker

Während sich der Trend zu stärker strukturierten Tuchen und weg von der Vorliekspannung als Mittel der Kontrolle über die Lage der größten Wölbungstiefe immer mehr durchsetzt, gibt es doch noch viele Segel, bei denen sich der Segler zum Erreichen der wirksamen Segelform auf diese Methode verlassen muß.

Üblicherweise wird die Vorliekspannung über das Fall eingestellt; doch ist ein Vorliekstrecker, der ähnlich wie der Cunningham-Stropp am Großsegelvorliek wirkt, vorteilhafter. Bei allen zum Masttopp reichenden Vorsegeln gestattet ein Vorliekstrecker, daß das Segel für leichten Wind mit dem längstmöglichen Vorliek hergestellt wird. Das Resultat ist weniger Verwindung im Achterliek – gerade das Gegenteil zu dem, was bei auffrischendem Wind benötigt wird.

Soll sich oben mehr Verwindung einstellen und das Achterliek weiter auswehen, muß die Schotführung nach achtern versetzt werden. Bei abwärts gerichteter Spannung vom Vorliekstrecker bleibt der Kopf des Segels, wo er war, und öffnet sich bei weniger strukturierten Segeln das Achterliek, wenn die Wirkung der Spannung am Vorliek sich durch den Körper des Segels fortsetzt.

Der Vorliekstrecker ist eine simple, zweipartige Talje, die zur nächsterreichbaren Winde auf Deck führt.

Durch Fieren der Schot auf raum-seitlichem Kurs (links) hat sich das Achterliek des Vorsegels geöffnet, wobei der Kopfbereich einfällt; man beachte den oberen Windfaden. Wird der Holepunkt nach außen und etwas nach vorne verlegt, bringt man den oberen Teil des Segels wieder zum Ziehen (rechts).

Schotspannung

Mit dem Finden einer mittleren Position für den Schotzug auf einem Amwindkurs, bei dem das Vorliek der Strömung einen konstanten Anstellwinkel bietet, sind freilich unsere Überlegungen noch nicht beendet. Wie jeder Segler weiß, wird das Vorsegel bei sich ändernder Windrichtung und Geschwindigkeit auch mit Hilfe der Schot eingestellt. Raumt der Wind, muß die Schot gefiert werden, damit sich auch das Segel drehen kann. Auch am Wind verlangt eine abflauende Brise einen größeren Anstellwinkel, damit die Strömung um das Vorliek herum und an der leewärtigen Oberfläche des Segels entlang geführt werden kann.

Leider stört jedoch das Auffieren der Schot die Balance der Spannungen innerhalb des Segels sofort, und zwar aus einem sehr einfachen Grund. Auch wenn die Schot bei gegebener Spannung genau den richtigen horizontalen und vertikalen Zug ausübt, um das Segeldreieck auszubalancieren, sind doch die beiden freien Seiten des Dreiecks von unterschiedlicher Länge, so daß die gesamte Geometrie des Segels jedesmal, wenn die Schotspannung geändert wird, durcheinander kommt.

Beim Auffieren der Schot von einem Kurs dicht am Wind beispielsweise zu einem raum-vorlichen Kurs verwindet sich das Achterliek extrem, das Vorliek fällt im oberen Teil des Segels ein. Das gleiche würde übrigens bei dem im allgemeinen höher geschnittenen

Großsegel geschehen, wäre da nicht noch der Großbaum. Indem der Niederhalter auf den Baum ständig eine nach unten gerichtete Kraft ausübt, kann der Anstellwinkel des Großsegels auch dann kontrolliert werden, wenn es bei raumendem Wind herumschwingt. Bei einem Vorsegel muß man schon bei halbem Wind Kompromisse schließen.

Als erstes muß der Holepunkt so weit nach außen verlegt werden wie möglich. Dann kann noch immer ein wenig Spannung auf das Achterliek und das obere Vorliek ausgeübt werden, während das gesamte Segel herumschwingt. Ein gleichmäßiger Anstellwinkel bleibt erhalten, wenn auch nur auf raum-vorlichen Kursen.

Raumt der Wind bis auf raum-seitlichen Kurs, und man fiert die Schot dementsprechend weiter, wird die Verwindung wiederum sehr stark werden und der obere Teil des Segels einfallen.

Will man die Verwindung reduzieren und den oberen Teil des Segels wieder zum Ziehen bringen, so kann man dies nur erreichen, indem man die Leitöse weiter nach vorne versetzt und damit noch einen gewissen Grad an vertikaler Kontrolle über das Achterliek zurückgewinnt. Das ist ein unbefriedigender Kompromiß, der besonders deutlich wird bei den modischen überlappenden Genuas. Versetzt man hier den Holepunkt nach vorne, verkleinert sich die Sehne des Segels und vertieft sich zugleich die Wölbung im unteren Segelbereich enorm. Unausweichlich reißt die Luftströmung ab, Widerstand baut sich auf; das Boot verliert seine Balance und läßt sich nur mit starkem

Mit einer zweiten Schot, die einfach am Schothorn eingepickt wird, kann man den Holepunkt leichter nach außen und vorne verlagern.

Gegenruder auf Kurs halten. Dennoch ist es besser, als wenn der obere Teil des Vorsegels einfallen würde. Um wieviel der Holepunkt bei halbem Wind nach vorne versetzt werden soll, variiert natürlich bei jedem Rigg und je nach Vorsegel.

Die genauesten Hinweise geben wiederum die Windfäden. Wenn sie im oberen Teil des Segels beständig flattern, verlege man den Holepunkt nach vorne. Beginnen dann die Fäden im unteren Teil zu tanzen, versuche man, den Holepunkt ein wenig weiter nach achtern zu verstellen. Auf raumseitlichem Kurs ist es unwahrscheinlich, daß sie alle zugleich nach achtern zeigen, mit der Ausnahme sehr schmaler, hochgeschnittener Vorsegel. Solange es jedoch gelingt, mit Hilfe der Schotspannung und mit Hilfe des Rudergängers die Windfäden auf halber Höhe des Vorlieks nach achtern weisen zu lassen, müßte der Schotholepunkt eigentlich ungefähr richtig sein.

Rollfocks

Während sich die Entwicklungen der letzten Jahre zumeist auf bessere Segeleigenschaften richteten, hat sich doch eine Neuerung in Windeseile ver-

Ein konisch zulaufender Streifen Schaumstoff (links), wie er ähnlich zur Verpackung zerbrechlicher Dinge verwendet wird, wird in das Vorliek von Rollfocks eingenäht, damit die Wölbung beim Aufrollen auf der Mitte des Vorlieks verschwindet.

Rollfocks neigen dazu, bauchiger zu werden, wenn sie in einer Bö eingerollt werden.

breitet, die auf größere Bequemlichkeit, aber auch auf größere Sicherheit gerichtet ist.

Die heutigen Rollfock-Einrichtungen entstammen alle der Idee, das Segelbergen durch Aufrollen um das Vorstag zu erleichtern. Durch Verbesserungen bei den Materialien und beim Entwurf sind die Systeme seitdem robust genug geworden, um den höheren Drehkräften auch beim Reffen des Segels standhalten zu können. Wird das Segel gekürzt, bewegen sich die Kräfte, die vom Kopf und Hals zurück zum Schothorn verlaufen, nach innen zur Mitte des Vorlieks. Im Vergleich zu dem ursprünglichen Drahtvorliek sind die in den heutigen Systemen verwendeten Aluminium-Profilstage besser geeignet, diesen Kräften Widerstand zu leisten. Mit den modernen Rollfock-Einrichtungen kann jede beliebige Vorsegelfläche eingestellt werden. Doch arbeiten diese Systeme besser und nehmen die Profile auch besser die starken Kräfte auf, wenn zugleich ein guter Achterstagspanner vorhanden ist, der das Durchhängen des Vorstags ausgleichen kann.

Aerodynamisch hat das Vorhandensein eines Vorliek-Profils wenig Wirkung, obgleich die Vergrößerung des Toppgewichts im Rigg sich negativ auf die Roll- und Stampfmomente auswirken muß. Schnelleres Segeln ist aber gar nicht das Ziel, sondern vielmehr die Möglichkeit, das Vorsegel setzen, trimmen und bergen zu können, ohne die Plicht verlassen zu müssen – und das ist denn auch der Hauptgrund für die enorme Popularität der Fockroller. Zwar kann auch ein konventionelles Segel mit einem Fockroller arbeiten; doch erzielt man die besten Ergebnisse mit eigens für diesen Zweck entworfenen Segeln. Diese berücksichtigen die beiden wichtigsten Nachteile des Systems.

Wird das Segel bei höheren Windgeschwindigkeiten teilweise aufgerollt, wird sich die eingebaute Wölbung eines konventionellen Segels in der Mitte ausbauchen, da Achter- und Unterliek zusammengezogen werden. Eine Antwort fand man darin, das Profil und damit das Vorliek aufzurollen, bevor die Befestigungspunkte an Kopf und Hals aufgerollt werden. Besser scheint die Lösung zu sein, im Vorliek des Segels schon bei der Anfertigung eine Verdickung einzubauen, meist ein konisch nach beiden Seiten zulaufendes Stück weichen Kunststoffs, wie es ähnlich zu Verpackungszwecken verwendet wird. Beim Aufrollen sorgt diese Verdickung in der Mitte der Vorlieks dafür, daß die Wölbung im Zentrum des Segels abgeflacht wird.

Konventionelle Stahlkauschen an Kopf und Hals mit den entsprechenden Verstärkungen tragen ebenfalls

zum Verziehen des Segels beim Aufrollen bei. An den für diesen Zweck hergestellten Segeln werden sie durch Schlingen aus Tuchband ersetzt.

Der zweite Nachteil hängt mit der Form des Vorsegels zusammen. Idealerweise soll das Segel so geschnitten sein, daß das Schothorn sehr viel höher steht als üblich. Bei dem hochgeschnittenen Schothorn kann das schräger stehende Unterliek beim Aufrollen am Vorliek allmählich weiter nach oben steigen; so gleicht es mehr dem Achterliek, das sich beim Aufrollen allmählich auf dem Vorliek nach unten bewegt. Die Folge ist, daß sich das gesamte Segel sauberer und glatter aufrollt. Damit wird ungleicher Zug auf Gerät und Segeltuch reduziert, wodurch sich zugleich die Lebenserwartung der Rollfock erhöht.

Kunststofftuch, das lange den ultravioletten Strahlen des Sonnenlichts ausgesetzt ist, wird schließlich Schaden

Tuchschlingen (unten links) sorgen anstelle der Metallkauschen für sauberes Aufrollen an Kopf und Hals. Markierungen am Unterliek (unten rechts) zeigen an, um welches Maß die Fock beim Reffen aufgerollt werden muß.
▼

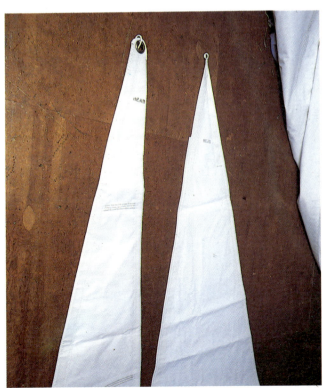

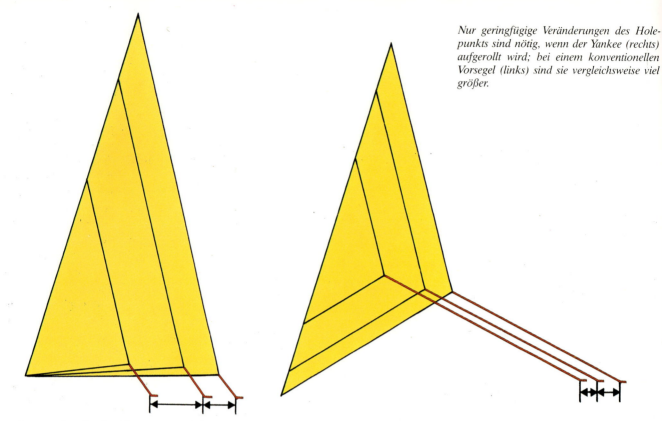

Nur geringfügige Veränderungen des Holepunkts sind nötig, wenn der Yankee (rechts) aufgerollt wird; bei einem konventionellen Vorsegel (links) sind sie vergleichsweise viel größer.

nehmen. Segel, die die gesamte Saison über aufgerollt bleiben, sind dem offensichtlich stärker ausgesetzt, als wenn sie bei Nichtgebrauch unter Deck verstaut werden. Um dem zu begegnen, werden bei Rollfocks an Unter- und Achterliek oft farbige Tuchstreifen aus Akryl angenäht. Im aufgerollten Zustand sollen sie das Kunststofftuch vor den schädlichen Strahlen schützen. Die Farbe dient nur dazu, daß man leichter erkennen kann, ob der Schutz vollständig ist; doch auf manche wirken die bunten Randstreifen in ausgerolltem Zustand eher unästhetisch. Zwar ist bereits ein Kunststofftuch mit eingebautem UV-Schutz entwickelt worden, doch ist es sehr teuer, selbst wenn es nur an Unter- und Achterliek angebracht wird.

Ein Segel mit hochgeschnittenem Schothorn wird auch weniger Justierungen des Holepunkts nötig machen, wenn die Sehne verkürzt wird. Bei einem echten Yankee (bei dem das Schothorn noch höher steht) wird fast überhaupt keine Veränderung des Holepunktes nötig sein, da Achter- und Unterliek nahezu gleich lang sind, so daß der Holepunkt viel achterlicher sitzen kann als bei einem der üblichen Vorsegel. Leider wird die Höhe des Schothorns bei einem diagonal geschnittenen Vorsegel durch die Notwendigkeit begrenzt, die Schußgarne in eine Richtung mit dem Achterliek verlaufen zu lassen.

Alternativ könnte man kettorientiertes Tuch in einem einfachen Vertikalschnitt verwenden. Damit erhält der Segelmacher mehr Freiheit zur Verbesserung der Position des Schothorns und Unterliekwinkels. Zugleich kann man auch stärkeres Tuch in den am Achterliek entlang verlaufenden Bahnen einsetzen. Der Vorteil zeigt sich, wenn das Segel gerefft wird. Die leichteren Tuchbahnen näher zum Vorliek werden eingerollt, und dann haben die stärkeren Bahnen zum Achterliek hin das schwere Wetter auszuhalten.

Mit Radialschnitten gelangt man bei diesem Thema noch einen Schritt weiter. Die Bahnen gehen radial vom Schothorn aus, und so bleibt ihre Richtung immer dieselbe, gleich wieviel Segelfläche eingerollt wird. Die Bahnen in der Mitte des Segels sind aus leichterem Tuch als jene näher zu Unter- und Achterliek. Wird das Segel beim Reffen aufgerollt, so verschwinden die leichteren Bahnen zusehends am Vorliek, bis schließlich nur noch die schwereren Bahnen den gesamten Zug aufzunehmen haben.

Schwerwettersegeln ist ein weiteres Thema. Wird das Vorsegel eingerollt, so steigt der Segeldruckpunkt. Das ist jedoch genau das Gegenteil von dem, was eigentlich angestrebt werden müßte. Eine konventionelle Sturmfock ist so entworfen und zugeschnit-

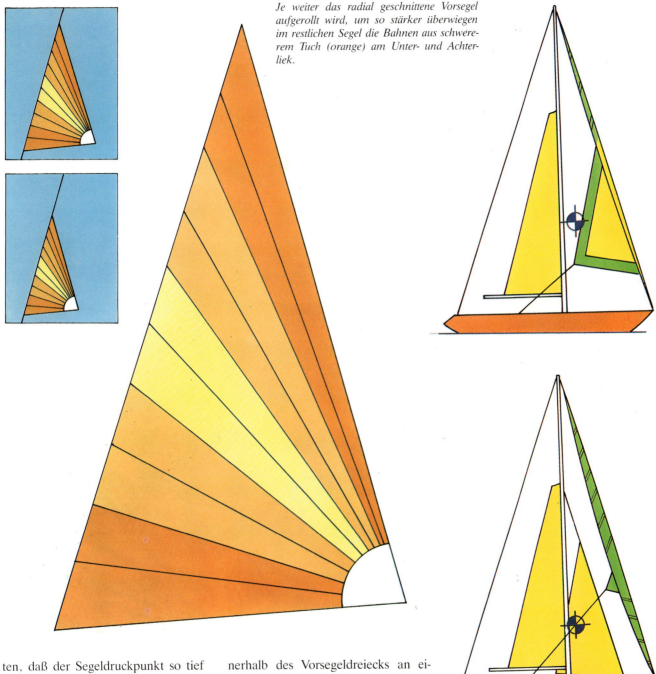

Je weiter das radial geschnittene Vorsegel aufgerollt wird, um so stärker überwiegen im restlichen Segel die Bahnen aus schwererem Tuch (orange) am Unter- und Achterliek.

ten, daß der Segeldruckpunkt so tief wie möglich bleibt. Das gleiche gilt natürlich für ein Trysegel oder ein stark gerefftes Großsegel.

Hochseesegler sind fast alle der Meinung, daß in diesem Fall die Rollfock vollständig aufgerollt werden muß; am besten wird statt dessen dann innerhalb des Vorsegeldreiecks an einem Babystag eine schwere Fock gesetzt – eine Sturmfock. Damit wird der Segeldruckpunkt nach unten und zugleich nach achtern gebracht, womit der gesamte Segelschwerpunkt mehr zur Bootsmitte und damit zum Lateralschwerpunkt hin rückt.

Oben liegt der Segelschwerpunkt hoch und vorne. Wird die Rollfock weggerollt und am Babystag eine Sturmfock gesetzt, verlagert sich der Segelschwerpunkt nach achtern und unten, wo er hingehört.

Das Trimmen der Takelage

Trimmen der Takelage hat weniger mit Segelromantik zu tun, als der Ausdruck vermuten läßt. In der Praxis dreht es sich dabei fast ausschließlich um mechanische Tätigkeiten.

Der Segelmacher hat zum Ziel, eine dreidimensionale Form des Segels zu finden, die im Wind Vortrieb erzeugt. Diese „fliegende Form" des Segels hängt letztendlich von der Unterstützung durch die Takelage ab, an der sie befestigt" – also angeschlagen – ist.

Gleich wichtig ist in seemännischem Sinne die Notwendigkeit, die geometrische Gleichung, nach der Mast und Stage entworfen wurden, zu erhalten. Mit anderen Worten: Eine schlecht aufgeriggte Takelage wird nicht die Stärke haben, die ihr Riß entwarf.

Für den Regattasegler ist ein weiterer Punkt von Bedeutung. Die Takelage und die Spannungen in ihr geben ihm eine Kontrollmöglichkeit über die Form innerhalb des Segels. Die Takelage einer spezialisierten Regattayacht muß deshalb ein gewisses Maß an Justiermöglichkeiten hergeben, mit denen der Segeltrimmer spielen kann.

Im englischen Sprachgebrauch wird Trimmen mit *tuning* bezeichnet, was wörtlich übersetzt mit „stimmen" oder „abstimmen" zu tun hat. Doch ist es nicht das Zupfen an einem fest gespannten Drahtstag mit anschließendem Lauschen auf den Ton der Vibration; das ist Sache des Klavierstimmers und seiner Stimmgabel. Stimmen in diesem Sinne – oder eben Trimmen – handelt von der richtigen Geometrie und den richtigen Spannungen für den Mast und seine ihn haltenden Stage.

Aber das Trimmen der Takelage ist nicht nur das Arbeitsfeld des Regattaseglers. Wer mit dem Lesen bis hierher ausgehalten hat, sollte genug Interesse an der Wirkungsweise und Wirksamkeit der Segel haben, um die paar Stunden durchzuhalten, die zum ordentlichen Aufriggen der Takelage einer durchschnittlichen Fahrtenyacht nötig sind. Den Erfolg kann jeder Segler genießen; zumindest wird er sich damit einen Rahmen geschaffen haben, in dem die Segel so arbeiten, wie sie entworfen wurden, und er wird Vertrauen in die Festigkeit seiner Takelage gewinnen.

Wenden wir uns also erst dem Grundlegenden zu; dabei können Topp- und Siebenachtel-Takelung zusammen behandelt werden. Später werden die raffinierteren Techniken eine gesonderte Behandlung beider Takelungsarten notwendig machen.

Laterale Mastbiegung

Das erste Ziel auf jedem Boot ist, seitliche Biegung des Mastes zwischen Deck und dem Angriffspunkt der Oberwanten zu reduzieren. Bei einem toppgetakelten Boot fällt dieser Punkt mit dem Masttopp zusammen; bei einem siebenachtel-getakelten Boot ist es üblicherweise der Punkt, an dem das Vorstag den Mast erreicht.

In beiden Fällen gilt es, diesen Punkt lateral – also in Querschiffsrichtung – senkrecht über dem Kiel oder der Mastspur an Deck zu fixieren, so daß er bei jeder Windstärke dort bleibt. Zugleich muß der Mast in der Lateralebene so gerade wie möglich sein. Würde er sich unter Druck zur einen oder anderen Seite biegen, würde der Abstand zwischen Masttopp und Deck verkleinert und dementsprechend das Vorstag nach Lee durchhängen. In diesem Fall könnte keine noch so starke Spannung des Achterstags das Vorstag glattziehen, während sich bei größeren Windgeschwindigkeiten der Mast nur noch stärker durchbiegen würde. Genau das Entgegengesetzte ist jedoch nötig, um eine wirksame Segelform zu erhalten; schließlich wird ein solches Durchbiegen auch die Festigkeit der Spiere beeinträchtigen. Dies ist besonders dann der Fall, wenn der Mast sich nach Luv biegt. Biegt sich der Masttopp nach Lee, so verkleinert sich der Winkel

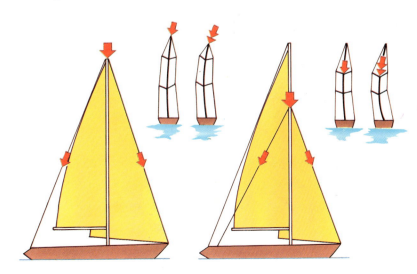

Die Spannungen von Vor- und Achterstag bzw. Backstagen drücken zusammen den Mast nach unten (rote Pfeile). Jede Biegung in seitlicher Richtung vergrößert sich, je stärker die Stage gespannt werden.

Foto: Barry Pickthall

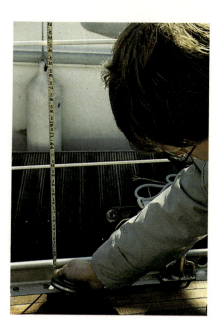

Die Messungen vom Masttopp zur Deckskante werden auf beiden Seiten der Spiere durchgeführt, am besten mit einem Maßband aus nicht reckbarem Material (Metall).

zwischen dem Oberwant und der Spiere. Das Einhalten der im Riß vorgegebenen Winkel zwischen den Wanten, den Salingen und dem Mast ist von fundamentaler Bedeutung für die Stärke der Takelage.

Sowohl aus dem Gesichtspunkt der Wirksamkeit wie aus dem der Sicherheit ist deshalb eine in lateraler Richtung feste und gerade Spiere wichtig. Wie wird dies denn erreicht?

Viele überlassen das Aufstellen des Mastes der Werft, wenn das Boot im Frühjahr zu Wasser gebracht wird. Das vernünftige Argument ist, daß deren Takler viel mehr Erfahrung mit den richtigen Spannungen in der Takelage haben, als ein Freizeitsegler jemals ansammeln kann. Der Nachteil ist, daß diese Arbeit am Ufer erledigt wird, während es ideal wäre, wenn sie nicht nur dort, sondern auch auf dem Wasser mit gesetzten Segeln durchgeführt würde.

Das Verfahren ist leicht verständlich und kann durchaus von jedem Segler selbst ausgeführt werden.

Am Ufer

Die erste Aufgabe ist, jenen Punkt Querschiffsrichtung zu zentrieren, dem die Oberwanten den Mast angreifen. Am Beginn muß die gesamte Takelage lose sein; bei einem Steckmast müssen alle Mastkeile aus dem Mastloch entfernt sein.

Jetzt heißt man am Großfall oder bei einer Siebenachtel-Takelung an einem Genuafall ein Maßband aus Stahl und mißt die Abstände vom Scheibenau

Die Eins-in-sechzig-Regel: Die Masthöhe (H), geteilt durch 60, ergibt die Distanz (D) auf Deck hinter dem Mast, die ein Grad Mastfall entspricht. (Die Rechnung gilt sowohl für metrisches wie für britisches Maßsystem.)

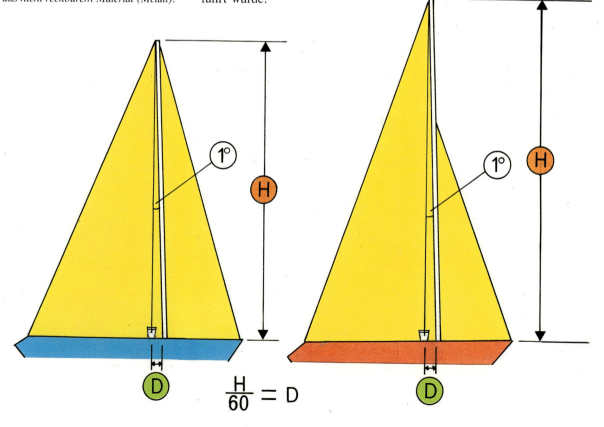

$$\frac{H}{60} = D$$

lang bis zu zwei genau gleichen Punkten auf jeder Seite der Deckskante. Jeder Unterschied zwischen den beiden Maßen kann durch Justieren eines Wantenspanners ausgeglichen werden. Es ist kinderleicht, auf diese Weise Spannung auf die Wanten zu bringen, während der Masttopp genau in der Mitte bleibt. Muß eine Seite dichter geholt werden, dreht man den Wantenspanner auf der anderen Seite um die gleiche Anzahl Umdrehungen auf. Unter- und Zwischenwanten sollen, während dieser Arbeit sehr lose sein.

Ist der Mast in Querrichtung erst einmal zentriert und sind beide Oberwanten handdicht angezogen, kann man die Aufmerksamkeit der Ausrichtung in Längsschiffsrichtung zuwenden.

Mastbiegung in Längsschiffsrichtung

Der Unterschied besteht darin, daß laterale Biegung permanent unterbunden werden muß, ein gewisses Maß an Biegemöglichkeit der Hauptspiere in Längsschiffsrichtung aber ein deutlicher Vorteil ist, besonders wenn sie während des Segelns justiert werden kann. Infolgedessen kann der feine Trimm in Längsschiffsrichtung nur beim tatsächlichen Segeln erreicht werden.

Noch am Ufer kann jedoch der Grad des Falls, also der Mastneigung nach achtern, festgelegt werden; außerdem kann der Mast vorgebogen werden. Letzteres ist besonders bedeutsam bei toppgetakelten Booten, auf denen keine Achterstag-Justierung unter Segeln vorgesehen ist. Bei ihnen muß also eine permanente Vorbiegung des Mastes erreicht werden; aber auch bei ausgefeilteren, justierbaren Takelagen ist eine Vorbiegung des Mastes von einiger Wichtigkeit.

Auf Booten aller Art besteht deshalb der erste Schritt darin, einen in Längsschiffsrichtung geraden Mast mit einem Fall von etwa einem Grad achterlich festzulegen. Sind ein justierbares Achterstag oder – wie bei den meisten siebenachtel-getakelten Booten – Backstage vorhanden, wird diese Position mit der Stellung auf Vorwindkurs übereinstimmen, denn der gerade Mast gibt dem Großsegel die größtmögliche Wölbungstiefe.

An dieser Stelle sei man daran erinnert, daß das Ziel ist, den Scheitelpunkt der Kraftdreiecke, die auf die Spieren einwirken, zu fixieren. In der Praxis findet man diese Position am besten, indem man das Großfall als Lotleine benutzt und als Senkblei ein relativ schweres Gewicht an seinen Tampen schäkelt. Überschüssiges Schwingen dieses Behelfslots kann man verhindern, indem man das Gewicht in einen auf Deck stehenden Eimer voll Wasser hängen läßt. Den Baum nimmt man am besten ab und legt ihn zur Seite; doch das ist nicht eigentlich wichtig.

Ein Grad Fall entspricht bei einer Spiere von 30 Fuß (9,14 m) Höhe auf Deck einem Abstand von 6 Zoll (15,2 cm) zwischen dem Mastfuß und der Lotleine. Bei einer 60 Fuß (18,29 m) hohen Spiere beträgt der Abstand 12 Zoll (30,5 cm) usw.

Liegt das richtige Maß an Fall fest, können Vor- und Achterstag eines toppgetakelten Boots handdicht angezogen werden – eine Spannung, die der der Oberwanten gleicht. Vor- und Achterstag einer Siebenachtel-Takelung können nun ebenfalls handdicht angezogen werden, um den Mast geradezuhalten. Jede weitere Spannung des Vorstags kann jetzt über das

Achterstagspanner gibt es von der einfachen Talje oder dem Hebel bis zur kräftigen hydraulischen Pumpe.

Dichtholen der Backstagstrecker ode[r] bei einer Takelage mit schrägen Sali[n]gen über das Dichtholen der Wante[n] erreicht werden — doch darüber sp[ä]ter mehr.

Ein Steckmast sollte in diesem St[a]dium an der Achterkante des Mas[t]lochs anliegen. Ist das nicht der Fa[ll] und kann der Mastfuß auf der Mas[t]spur verstellt werden, sollte man ih[n] bis in diese Position nach achter[n] rücken.

Bei einer Takelage, die beim Segel[n] nicht justiert werden kann, endet hie[r] die Vermessungsarbeit. Vor- und Ac[h]terstag einer Topptakelung könne[n], wie weiter unten beschrieben, gleic[h]mäßig durchgesetzt werden. Doch im[]mer mehr toppgetakelte Boote we[r]den mit einer Möglichkeit zum Justie[]ren des Achterstags und damit zu[r] Kontrolle der Segelform ausgestatte[t]. Es gibt sie in verschiedenen Formen[,] vom ausgefeilten hydraulischen Gerä[t] über das Spannrad bis hinunter zu[r] einfachen, aber recht wirksamen un[d] vor allem billigen Talje. Da der rich[]tige Trimm moderner Vor- und Groß[]segel immer stärker von der Justier[]barkeit der Takelage abhängt, lohnt e[s] sich, eines dieser Systeme an Bord z[u] fahren. Erwähnt haben wir bereits[,] daß bei den Rollfocks ein justierbare[s] Achterstag eine überaus wichtig[e] Rolle spielt.

Kehren wir jedoch zum Trimmen de[r] Takelage zurück, so macht das Vor[]handensein eines verstellbaren Ach[]terstags weitere Spiele mit dem Lo[t] und dem Wassereimer nötig. Das Vor[]stag bleibt handdicht; dann sollte[n] jetzt das Achterstag oder im Falle ei[]ner Siebenachtel-Takelung die Back[]stagen so weit durchgesetzt werden[,] bis der Mast einen Fall von etwa 3 Grad nach achtern erhält. Nach de[r]

Ein gerades Vorstag hängt bei der Siebenach[]tel-Takelung weitgehend von der Wirksam[]keit der Backstage ab.

gleichen Regel entspricht dies etwa 3 Fuß (91 cm) bei einer Spiere von 60 Fuß (18,29 m) Höhe und etwa 1,5 Fuß (45 cm) bei einer 30 Fuß (9,14 m) hohen Spiere. In der Praxis sollte das Vorstag jetzt etwa so stark gespannt sein, wie es beim Amwindsegeln benötigt wird. Doch wird dies in gewissem Maße davon abhängen, was der Leser unter „handdicht" versteht, und das mag noch ein wenig mehr Spannung nötig machen.

Es muß das Ziel sein, das Dreieck aus Vor- und Achterstag in Längsschiffsrichtung in der gleichen Ebene zu halten. Dafür müssen Vor- und Achterstag gleich stark gespannt sein. In Wirklichkeit richtet man auf diese Weise die Arbeitslänge des Vorstags ein.

Ist ein Meßgerät in der Spannvorrichtung des Achterstags vorhanden, so ist eine gute Grenze für die Spannung auf Vor- und Achterstag ein Drittel der sicheren Arbeitslast des Drahts oder der Stange. Ist kein Meßgerät vorhanden, sollte soviel Spannung auf den Wantenspanner des Vorstags – und ebenfalls am justierbaren Achterstag – gebracht werden, wie ein normaler Mann mit einem großen (etwa 45 cm langen) Schraubendreher bzw. einem ebenso langen Spannhebel ausüben kann. Dabei darf man aber auch nicht übertreiben, sondern sollte sich nach dem Zustand von Takelage und Fahrzeug richten.

Bei einer Siebenachtel-Takelung lese man statt Achterstag einfach nur Backstage. Beim Segeln muß das feste Achterstag (Topptakelung) immer neu eingestellt werden, um das Verhältnis von Wölbungstiefe zu Sehnenlänge und die Verwindung am Großsegel zu kontrollieren. Ist es erst einmal für einen geraden Mast richtig justiert, kann man es in diesem Stadium solange außer acht lassen, bis das Großsegel gesetzt wird.

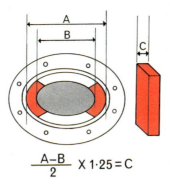

$$\frac{A-B}{2} \times 1{\cdot}25 = C$$

Mastkeile aus Gummi (links) sind im Verhältnis zum Freiraum zwischen dem Mast und der Wandung des Mastlochs relativ dicker als hölzerne Keile (rechts).

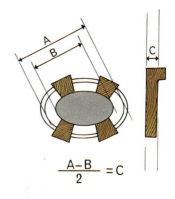

$$\frac{A-B}{2} = C$$

Mastkeile aus Gummi schließen sehr dicht ab. ▼

Vor dem Ansegeln bleiben dann nur noch drei Arbeiten. Ein Steckmast muß sicher im Mastloch fixiert werden; die Oberwanten müssen mit einer gleichen Anzahl von Umdrehungen der Wantenspanner hart durchgesetzt werden; und aus den Unter- und, falls vorhanden, Mittelwanten muß alle Lose herausgeholt werden. Bei letzteren ist keine großartige Präzisionsarbeit nötig; sie kommen erst an die Reihe, wenn die Segel gesetzt sind und das Boot an den Wind geht.

Die Spanner an den Oberwanten müssen sehr fest angezogen werden, so fest, daß beim Amwindsegeln das Leewant nur geringfügig lose kommt. Für den Augenblick reicht auch hier wieder die Kraft aus, die ein Mann mit einem großen Schraubenzieher ausüben kann.

Mastkeile

Das Anbringen der Mastkeile ist ein wenig mehr Aufmerksamkeit wert. Daß dies richtig geschieht, ist sowohl aus dem Gesichtspunkt der Sicherheit und des Vertrauens in die Takelage wie aus dem der Kontrolle sehr wichtig. Auch viele neue Boote mit Steckmasten werden von ihren Werften ohne weitere Möglichkeiten zum Ver-

113

keilen des Mastes geliefert – wenn nur die Mastkeile am Platz sind. Ebenso werden nur wenige Werften, wenn sie nicht eigens darum gebeten werden, Mastkeile vorsehen, wo von Anfang an keine vorhanden waren.

Die besten bestehen aus hochfesten Gummiteilen, die ein wenig tiefer als das Mastloch sein sollen und insgesamt etwa 1,25mal so dick wie der Freiraum zwischen dem Mast und der Wand des Mastlochs. Weil es so schwierig ist, diese Gummikeile einzusetzen, werden sie üblicherweise durch Holzkeile ersetzt. Diese lassen sich leichter um den Mast herum ins Mastloch treiben, und solange sie regelmäßig auf mögliches Splittern inspiziert werden, reichen sie auch aus.

Das Ziel muß sein, den Mast fest in der Mitte des Mastloches zu verkeilen, so daß er sich in Längsschiffsrichtung überhaupt nicht mehr und in Querschiffsrichtung nur noch sehr wenig bewegen kann. Das Zentrieren eines Mastes, der am Achterende des Mastlochs anliegt, erzeugt eine leichte Biegung, weil die Spiere im Verhältnis zum Mastfuß nach vorne gedrängt wird. Diese Vorbiegung macht den Mast tatsächlich starrer.

Jetzt ist das Boot zum Segeln bereit.

Auf dem Wasser

Die Bedingungen sind ideal, wenn das Boot mit einem Vorsegel und dem voll gesetzten Großsegel zwischen 20 und 25 Grad krängt. Das justierbare Achterstag oder die Backstagstrecker sollten durchgesetzt werden, damit das Vorstag gerade steht. Als erstes untersuche man jetzt, ob das leeseitige

Laterale Mastbiegung ist ziemlich gut zu erkennen, wenn man mit einem Auge an der Mastschiene entlang nach oben peilt.
Auf dem linken Foto biegt sich der Mast in der Mitte nach Luv; auf dem rechten Foto biegt er sich oberhalb des unteren Salingpaars durch.

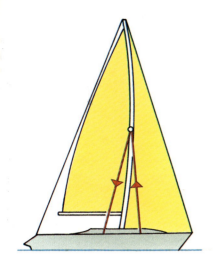
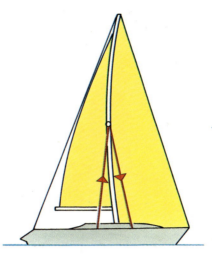

Doppelte Unterwanten: Wenn der Masttopp bereits fixiert ist, beseitigt die Justierung in Pfeilrichtung das Durchbiegen in Längsschiffsrichtung.

Oberwant lose kommt. Es sollte gerade aussehen, und jede leichte Biegung muß man herausnehmen. Zuerst dreht man den Wantenspanner in Lee um eine oder zwei Umdrehungen an; dann wird gehalst, und man macht genau das gleiche auf der anderen Seite. Das Oberwant in Lee sollte nicht dicht sein – nur eben nicht lose schlackernd.

Jetzt peilt man mit einem Auge vom Mastfuß nach oben. Dabei erkennt man sehr leicht, ob sich der Mast eventuell zwischen der Augenhöhe und dem Ansatzpunkt der Oberwanten seitlich biegt.

Biegt sich der Mittelteil des Masts nach Lee durch, setzt man die Unterwanten in Luv so weit durch, bis die Spiere gerade steht. Biegt sich der Mittelteil nach Luv, fiert man die Luvwanten, bis das gleiche Ergebnis erreicht ist. Dann wendet man das Boot und tut genau das gleiche auf der anderen Seite. In der Praxis ist es am leichtesten, nach jeder Peilung das Boot zu wenden, wobei das nun auf der Leeseite befindliche Want um eine halbe oder ganze Umdrehung justiert wird. Dann überprüft man die Wirkung der neuen Spannung im Luvwant, das auf dem vorherigen Schlag justiert worden war.

Bei Masten mit mehr als einem Salingpaar kann sich natürlich der Mast auf verschiedene Weise durchbiegen, was jeweils von der Spannung der Ober-, Mittel- und Unterwanten abhängt. In diesem Fall muß jedes Wantenpaar ausbalanciert werden, indem man sich von oben nach unten voranarbeitet, bis alle Salingfüße und Wantaufhängungen in einer geraden Linie stehen.

Doch unabhängig von der Zahl der Salinge gilt eine Regel: Unter keinen Umständen, wie auch immer sich der Mast durchbiegen mag, dürfen die beiden Oberwanten weiter verstellt werden.

Die Unterwanten

Obgleich es außer Mode gekommen ist, haben viele Boote noch immer doppelte Unterwanten auf jeder Seite. Gemäß dem oben beschriebenen Verfahren müssen dann auf jedem Schlag Vorder- und Hinterwant um das gleiche Maß verstellt werden. Doch steht der Mast erst einmal in Querrichtung gerade, kommt ein weiterer Schritt. Man peilt den Mast von der Seite und überprüft, ob die Vorbiegung noch vorhanden ist. Zu viel Biegung kann jetzt entgegengewirkt werden, indem man den vorderen Wantenspanner um jeweils eine halbe Umdrehung losdreht und den achteren Wantenspanner um das gleiche Maß anzieht.

Im Prinzip kritischer ist es, wenn der Mast sich nach achtern biegt. Eine Korrektur ist hier sehr wichtig, wobei das eben beschriebene Verfahren umgedreht wird. Das vordere Want wird dichtgeholt und das achtere im gleichen Maß gelöst. Wie oben geht man dann auf den anderen Bug und führt das gleiche auf der anderen Seite aus. Bei einem auf Deck stehenden Mast ist dies zumeist die einzige Möglichkeit, ein wenig Vorbiegung in die Spiere zu bekommen.

Das Babystag

Auf dem Wege hin zu einer vollständig justierbaren Takelage war zuerst das vordere Unterwant erschienen. Dessen Beitrag zur seitlichen Stützung des Mastes wurde den achtern stehenden, doppelten Wanten übertragen, und die beiden Vorderwanten schrumpften zu einem einzigen Babystag, einem im Vorsegeldreieck stehenden Binnenstag, zusammen. Damit wird der Masttrimm wesentlich erleichtert. Ist erst einmal mit Hilfe der achteren Unterwanten die Lateralbiegung ausgemerzt, kann das Babystag durchgesetzt werden, damit die Vorbiegung der Spiere gegen die von den Unterwanten ausgeübte, nach achtern ziehende Kraft erhalten bleibt.

Mit den verbesserten Segeltuchen entstand die Notwendigkeit, während des Segelns die Form des Großsegels durch weitere Biegung des Masts zu kontrollieren. Das Mittel dazu war schon vorhanden. Wird die Spannung am Binnenstag erhöht, muß sich der Mast nach vorne biegen, wenn er nicht durch die achteren Unterwanten daran gehindert wird.

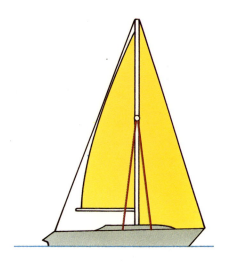  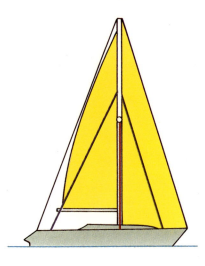

Die einstmals populären doppelten Unterwanten (links) sind dem Babystag und Backstagen (blau) gewichen. Stehen die Unterwanten (rot) in einer Ebene mit dem Mast, kann die Spiere leichter zur Unterstützung des Segeltrimms gebogen werden.

Die Antwort war, die achteren Unterwanten in eine Ebene mit dem Mast und seinen Oberwanten zu versetzen. Jetzt konnte der Mast leicht und schnell gebogen werden. Doch ohne Gegenzug mußte man das Maß der Biegung auf der sicheren Seite halten. Da die Spannung des Babystags nur durch inhärente Steifheit der Spiere ausgeglichen wurde, blieb die Begeisterung für dieses Stag zurückhaltend. Hier trat das Backstag wieder auf die Szene – bzw. es kam zurück in die Szene. Die handgreifliche Notwendigkeit der Mastbiegung förderte also das Wiedererscheinen der Backstage. Ebenso wie bei der Siebenachtel-Takelage, bei der das Durchhängen des Vorstags und die Vorsegelwölbung über ein Backstag kontrolliert wird, kann bei einer Topptakelung gegen die Kraft des Binnenstags die Mastbiegung und damit das Verhältnis von Wölbungstiefe zu Sehnenlänge beim Großsegel kontrolliert werden.

Für den Fahrtensegler hat ein innenstehendes Vorstag aber nicht nur Vorteile. So spielt denn auch das Babystag auf Fahrtenyachten eher eine zeitlich begrenzte Rolle. Bei schwererem Wetter verhindert es unkontrollierte Bewegungen des Masts, besonders wenn es durch Backstage ausgeglichen wird. Doch bei leichterem Wetter überwiegt ein Nachteil alle seine Vorteile, nämlich daß es beim Wenden das Übergehen des Vorsegels stört. Also fällt für die Fahrtenyacht das Babystag als Trimm-Möglichkeit weitgehend weg. Für den Regattasegler ist es jedoch eines der wichtigsten Elemente des Trimms.

Das Durchhängen des Vorstags

Während der Trimmfahrten auf dem Wasser muß auch die maximale Vorstagspannung herausgefunden werden. Die Vorstagspannung wird auf einem toppgetakelten Boot durch die Achterstagspannung kontrolliert und bei einer Siebenachtel-Takelung durch die Spannung der Backstage. Eine sehr kleine Anzahl ambitionierter Regattaboote fahren justierbare Vorstage, doch sollen sie hier außer Betracht bleiben.

Vor- und Achterstag wurden ja bereits vorgespannt, während das Boot noch am Ufer lag. Jetzt muß überprüft werden, ob beide genügend dicht stehen. Zuerst sucht man sich eine Möglichkeit, die Spannung des Achterstags festzuhalten, entweder durch eine Messung von einem festen Punkt am Boot oder durch ein Stück Klebeband um das Gewinde der Spannschraube. Liegt das Boot am Wind und krängt dabei um 20 bis 25 Grad, kann das Achterstag nun um ungefähr einen Zoll (2,5 cm) gelöst werden.

Während ein Helfer am Vorstag entlang peilt, beginnt man, das Achterstag wieder nach unten zu drehen. Die Wirkung auf das Vorstag wird eine proportionale Verminderung des Durchhängens sein. Doch wenn das Achterstag weiter dichtgedreht wird, vermindert sich diese Wirkung auf das Vorstag, bis sie schließlich ganz verschwindet. Weitere Spannung des Achterstags hätte jetzt die gegenteilige Wirkung. Entweder biegt sich das Boot wie eine Banane, oder der Mast wird gestaucht, bis er schließlich ein Loch in den Boden drückt.

Herauszufinden und festzuhalten hat man den Punkt, an dem weitere Achterstagspannung das Durchhängen des

Mit diesem einfachen System kann das Babystag bei leichterem Wetter sauber und sicher verstaut werden, so daß es innerhalb des Vorsegel-Dreiecks nicht stört.

Vorstags nicht mehr vermindert. Bei einer nicht justierbaren Takelage sollte auf einem gesunden Boot die damit erreichte Spannung für die gesamte Segelsaison ausreichen. Doch wird zu diesem Zeitpunkt gegenüber der ursprünglich vorgegebenen Spannung eine größere Abweichung nötig, muß das Vorstag selbst noch einmal verstellt werden. Sonst würde sich bei dem Manöver auch der Fall des Masts verändern.

Wo wir uns gerade wieder mit dem Durchhängen des Vorstags befassen, mögen einige Gedanken über die Unterschiede zwischen 1×19-Draht und festen Stangen für das stehende Gut folgen.

Üblicherweise heißt es, bei gleicher Größe sei Stangenstahl stärker als Drahttauwerk. Tatsächlich besitzen sie jedoch, da beide aus dem gleichen Material hergestellt werden, bei gleichem Durchmesser die gleiche Stärke. Sie unterscheiden sich allerdings in ihren Reckeigenschaften. Bei steigender Belastung erreicht ein Stangenrigg seine maximale Ausdehnung schneller bei viel geringerer Ausdehnung als ein Drahtrigg. Andererseits ist ein Stangenrigg viel teurer, weniger benutzerfreundlich und unterliegt leichter Beschädigungen.

Gleich welche Art der Takelage man benutzt, unter Druck wird sie sich während einer typischen sechsmonatigen Segelsaison um ein gewisses Maß recken. Deshalb ist es durchaus richtig, ein- oder zweimal in jeder Saison die Lateralbiegung des Masts nach der

Ein Klebeband am Gewinde des Achterstag-Spannrads markiert den Punkt maximaler Spannung auf einem Kurs am Wind. ▼

117

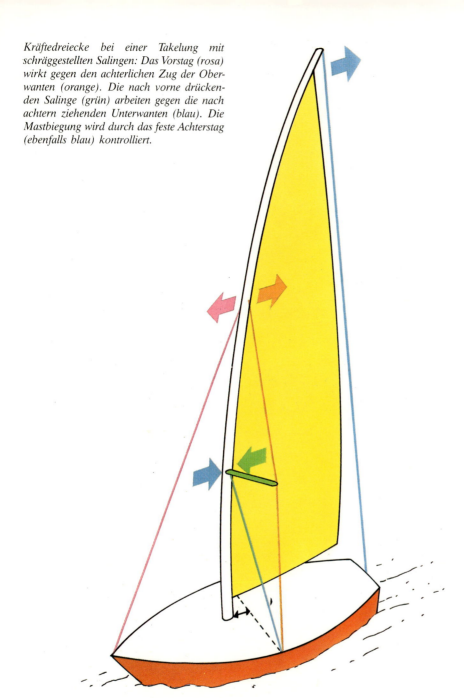

Kräftedreiecke bei einer Takelung mit schräggestellten Salingen: Das Vorstag (rosa) wirkt gegen den achterlichen Zug der Oberwanten (orange). Die nach vorne drückenden Salinge (grün) arbeiten gegen die nach achtern ziehenden Unterwanten (blau). Die Mastbiegung wird durch das feste Achterstag (ebenfalls blau) kontrolliert.

oben beschriebenen Methode zu überprüfen. Die längeren Oberwanten werden sich natürlich mehr recken als die Unter- und Mittelwanten, weshalb man sie möglicherweise um eine oder zwei Umdrehungen anziehen muß. Dabei achte man jedoch darauf, beide um genau das gleiche Maß anzuziehen.

Wiederholen wir also: Der Mast steht nun sowohl bei einer Siebenachtel- wie bei einer Topptakelung in Querrichtung richtig. Bei einer einfachen Topptakelung ohne die Möglichkeit der Justierung von Vor- und Achterstag beim Segeln ist der Mast jetzt auch in optimaler Stellung und Spannung für das Amwindsegeln fixiert.

Auf toppgetakelten Booten mit einer Vorrichtung zum Justieren der Vor- und Achterstagspannung sind jetzt weiterhin die Grenzen der Justiermöglichkeiten bekannt. Zum Amwindsegeln hat man die maximale Spannung, mit der das Durchhängen des Vorstags auf ein Minimum gebracht wird, festgestellt und notiert; ebenso die minimale Achterstagspannung, bei der sich der Mast gerade stellt und das Vorstag durchhängt, was beides beim Vorwindsegeln wünschenswert ist.

Auch auf siebenachtel-getakelten Booten hat man die gleichen Grenzwerte festgestellt, bei denen mit Hilfe der Backstagen das kürzere Vorstag gespannt wird.

Als variable Faktoren bleiben jetzt nur noch das feste Achterstag bei einer Siebenachtel-Takelung und die ausgeklügelten Kontrollmöglichkeiten, mit denen bei einer modernen Topptakelung die Form des Großsegels beeinflußt werden kann. Mit beiden kontrolliert man die Mastbiegung und damit das Verhältnis von Wölbungstiefe zu Sehnenlänge im Großsegel. Wir werden uns damit im Abschnitt über den Segeltrimm noch auseinanderzusetzen haben.

Schräggestellte Salinge

Es gibt jedoch eine populäre Art der Takelung, auf die wenig des bisher Gesagten zutrifft. Dies ist eine Siebenachtel-Takelung, bei der der Mast quer- und längsschiffs über ein einziges Paar nach hinten schräg gestellter Salinge gestützt wird, so daß ein Spannungsverhältnis zwischen Wanten und Vorstag entsteht. Bei dieser Takelungsart kann zwar das Vorstag stärker durchhängen als vielleicht wünschenswert ist; dennoch ist es auf kleineren

Booten populär, weil keine Backstage nötig werden.

Ober- und Unterwanten führen dabei zu Püttings achterlich vom Mast. Die Unterwanten stützen den Mast nicht mehr nur in Querrichtung, sondern üben auf Salinghöhe eine achterlich gerichtete Kraft aus, die gegen die auf gleicher Höhe nach vorne gerichtete Kraft der Oberwanten (die ja gegen die Salingnock drücken und damit den Mast an dieser Stelle nach vorne stoßen) wirkt. Diese gegenläufige Spannung bedeutet Halt für die Takelage auf Vorwindkurs. Sie wirkt auch gegen das Durchhängen des Vorstags, indem an dem Punkt, an dem die Oberwanten am Mast angreifen, ihre Kraft wiederum nach achtern gerichtet ist.

Der Trimm dieser Takelage hängt also davon ab, ob die gegenläufigen Spannungen optimal eingestellt werden können. Man beginnt damit, den Mast fest im Mastloch zu verkeilen, wobei mehr Vorbiegung als bei einer konventionellen Takelage eingebaut werden soll.

Mit Hilfe eines Maßbands zum Masttopp zentriert man, wie oben bereits beschrieben, den Mast querschiffs und läßt die Oberwanten handdicht angezogen. Jetzt legt man das Boot mit einer Krängung von 20 bis 25 Grad an den Wind und zieht das feste Achterstag dicht, bis diagonal vom Schothorn zur Mitte des Vorlieks verlaufende Falten im Großsegel erscheinen. Kann man mit stärkerem Zug auf das Vorliek über den Cunningham-Stropp diese Falten nicht beseitigen, hat der Mast seine maximal nützliche Biegung erhalten. Doch muß man vorsichtig damit umgehen: Bei jeder Siebenachtel-Takelung wie bei anderen, stark biegenden Takelungsarten sollte man gemeinsam mit dem Mastenhersteller die maximale Biegung der Spiere selbst feststellen. Es ist unwahrscheinlich, aber nicht unmöglich, daß das Segel für die fragliche Spiere zu voll geschnitten wurde,

Zuviel Mastbiegung verursacht im Großsegel diagonal vom Schothorn zum Vorliek verlaufende Falten.

wobei dann das oben beschriebene Verfahren schon bei nur handdicht angezogenen Wanten zuviel Biegung erzeugen wird.

Bei dieser Takelungsart wird maxi-

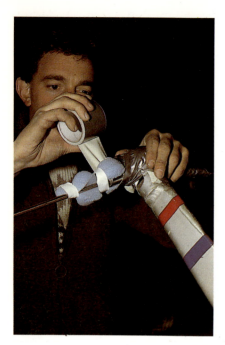

Schaumstoff, mit Klebeband an der Nock befestigt, ist eine brauchbare und billige Salingkappe. Die roten und blauen Klebebänder sind für den Trimmer während des Segelns ein Maß für den Abstand des Vorsegel-Achterlieks von der Saling.

male Mastbiegung die Spannung der Oberwanten lockern, so daß sie – um die gleiche Menge auf beiden Seiten – nun wieder angezogen werden müssen. Peilt man jetzt an der Mastschiene entlang nach oben, wird jedes Durchbiegen auf Höhe der Salinge leicht sichtbar; es wird durch handdichtes Anziehen der Unterwanten auf dem jeweiligen Bug eliminiert.

Wird das Achterstag wieder gelockert, so daß sich der Mast wieder gerade biegt, wird die beträchtliche Spannung zwischen Wanten, Salingen und Vorstag die Takelung halten. Die Spiere selbst ist relativ stark vorgebogen, was Biegung in Querrichtung und das Durchhängen des Vorstags, soweit wie es bei diesem Typ von Takelung möglich ist, vermindert.

Fixieren mit Klebeband

In 99 von 100 Fällen geben die bisher beschriebenen Techniken den Rahmen ab, in dem die Takelagen aller Verdrängerboote getrimmt werden können.

Kehrt man jetzt zum Liegeplatz zurück, können alle Spannschrauben des stehenden Guts gesichert und dann mit wasserfestem PVC-Klebeband abgeklebt werden. Splintbolzen an den Wantenspannern sollten von außen nach innen eingesetzt und dann dick mit Klebeband umwickelt werden. Spezielles nichtklebendes Wickelband, das sich beim Dehnen und Übereinanderwickeln fest und unlösbar miteinander verbindet (sog. selbstvulkanisierendes Wickelband), ist sehr populär. Es hält länger unter Sonnenbestrahlung und läßt sich am Ende der Saison leicht wegschneiden; doch ist sein Preis recht hoch.

Salingnocks sind ebenso wie Dampferlicht, Spinnakerbaum-Halterungen und andere hervortretende Teile am Mast bekannt dafür, daß sich daran leicht Segel verhaken und reißen. Deshalb müssen alle scharfen Kanten mit Klebeband umwickelt, abgefeilt oder mit Silikonmasse versiegelt werden. Besonders die Vorsegel scheinen geradezu einen Instinkt dafür zu haben, wo noch scharfe und spitze Stellen unbedeckt geblieben sind, um sich daran dann zu zerreißen.

Mastfall und Ruderlage

Beim Trimm des Mastes haben wir sozusagen die Fliege in der Suppe bis zum Schluß gelassen, und dies vor allem, um den geneigten Leser nicht davon abzuhalten, die beschriebenen Arbeiten selbst auszuführen. Denn leider muß gesagt werden, daß in manchen Fällen der oben empfohlene Mastfall eine schädliche Wirkung auf die Ruderlage bestimmter Boote haben kann. Ebenso muß gesagt werden, daß die meisten Bootsbauarchitekten beim Riß der Takelage genau das beschriebene Maß an Fall einzeichnen.

Auf keinen Fall aber kann es schaden, die Wirkung des Mastfalls auf das Ruder zu verstehen.

Erhöhter Fall, d. h. Verlagerung der gesamten Takelage nach achtern, verschiebt auch den Segelschwerpunkt im Verhältnis zum Lateralschwerpunkt des Rumpfs nach achtern. Dabei entsteht Luvgierigkeit, die mit Gegenruder ausgeglichen werden muß. Der Mastfall erhöht also die Luvgierigkeit. Umgekehrt stimmt es ebenfalls: Verlagert man den Mast und damit auch die gesamte Takelage nach vorn, so vermindert sich die Luvgierigkeit und wird sich schließlich in Leegierigkeit verwandeln.

Alle Segler wissen, daß ein wenig Luvgierigkeit, vielleicht 5 Grad, beim Am-

Zum „Eichen" zieht man mit einem Marlspieker Takelband durch die Kardeele eines Drahtfalls.

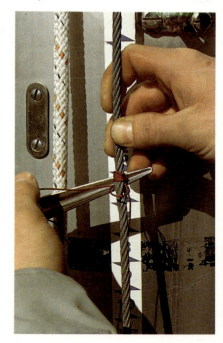

eine weitere Änderung am Achterstag nötig; auf jeden Fall müssen die Einstellungen für maximale und minimale Achterstagspannung überprüft werden.

Vorstaglänge und Mastfall sollten ein für allemal feststehen. Danach gibt es keinen Grund mehr, die Spannschraube am Vorstag noch einmal zu ändern, wenn der Segler gerade das richtige „Gefühl" an der Pinne hat. Tatsächlich lassen professionelle Takler auf der ganzen Welt die Vorstaglänge unberührt, wenn sie ein Boot abriggen und den Mast legen.

Laufendes Gut

Auch beim laufenden Gut wird man letztendlich davon profitieren, wenn alle Fallen für die frisch getrimmte Takelage „geeicht" werden. Dieses Eichen ist für die Regattasegler überhaupt keine Frage, wird aber unter konservativen Fahrtenseglern heftig diskutiert. In dem Maße, in dem sich jedoch das dehnbare Vorliek überall durchsetzt, ist es wichtig, die minimale Heißhöhe zu kennen, lebenswichtig (für das Segel zumindest) jedoch, die maximale Heißhöhe einstellen zu können.

Eichung bedeutet hier eine Markierung des Falls, so daß es im Verhältnis zu einigen festen Markierungspunkten am Mast oder auf Deck eingestellt werden kann, wenn eine bestimmte Spannung erwünscht ist. Viele Segelmacher liefern dafür Streifen aus selbstklebendem Kunststoff.

Markierungen mit Klebeband oder sogar mit Taklingen sind von geringem Nutzen. Sie verschieben sich oder reißen, wenn das Fall über Blöcke und Scheiben geht.

Bei einem Drahtfall öffnet man am besten die Kardeele mit einem Marlspieker und zieht ein Takelband hindurch. Fester wird die Markierung natürlich, wenn man einen dünnen

Laminierte Segel schützt man vor den Salingnocks am besten durch aufgeklebte Flecken. Der richtige Sitz der Flecken kann nur bei geheißtem und dichtgeholtem Segel angezeichnet werden (oben). Die Flecken bestehen aus selbstklebendem Kunststofftuch, ähnlich dem, das für Segelnummern verwendet wird (unten).

windsegeln überhaupt erst „Gefühl" am Ruder gibt.

Weist jedoch ein Boot nach den ersten Trimmschlägen zuviel oder zuwenig Luvgierigkeit auf, werden weitere Justierungen des Vorstags nötig. Nur auf einer toppgetakelten Yacht ohne Vorrichtung zur Achterstagjustierung wird

121

Draht hindurchzieht; doch die Gefahr, sich daran die Finger zu zerreißen, überwiegt den Vorteil bei weitem.

Die Finger werden übrigens auch sehr davon profitieren, wenn die Fallen aus galvanisiertem Stahldraht statt aus dem hübscher aussehenden rostfreien Stahldraht gemacht sind. Letzterer verhärtet sich mit der Zeit, und wenn er brüchig wird, brechen einzelne Litzen und bilden Widerhaken. Vorsegel-Fallen aus rostfreiem Stahl sind besonders anfällig im Bereich hinter dem Schäkel, wo sich bei gesetztem Segel der Draht über die Scheibe im Masttopp biegt. Die Widerhaken können sich beim Anschäkeln eines Segels sehr schmerzlich bemerkbar machen. Für Großsegel-Fallen wird Draht ohnehin bald ausgespielt haben zugunsten der neuen Tauwerke mit Kevlar-Kern. Die Reckeigenschaften dieses neuen Tauwerks sind nur geringfügig größer als die von Drahttauwerk. Bei Großsegel-Fallen, an denen viel geringere Kräfte auftreten als an Vorsegel-Fallen, gleicht der Vorteil der besseren Handhabung den Nachteil des größeren Recks mehr als aus.

Die Markierungen bringt man bei diesen und bei konventionellen Taufallen am besten mit einem genähten Takling an.

Vorsegel-Fallen

Die Notwendigkeit der „Eichung" hängt bei Vorsegel-Fallen davon ab, aus welchem Tuch die Segel gemacht sind. Standard-Kunststoffsegel erfordern mehr Justierungen am Vorstag, damit sie ihre Form halten, als Segel aus den immer populärer werdenden Laminaten. Mit der Weiterentwicklung der Laminiertechniken werden in der Tat immer weniger oder gar keine Vorliek-Justierungen nötig.

Jedoch ist es auf alle Fälle sinnvoll, die maximale Heißposition auf dem Fall zu markieren. Der Zweck ist dabei in erster Linie, daß man vermeidet, den Spleiß am Fallschäkel in die Umlenkscheibe am Masttopp hineinzuziehen. Bei starker Spannung lassen sich Beschädigungen am Spleiß oder an der Scheibe oder gar an beiden nicht vermeiden.

Man tut dies am besten am Liegeplatz. Dazu heißt man mit dem Fall eine Schot oder eine andere lange Leine, bis der Spleiß in die Umlenkscheibe gezogen wird. Jetzt kann man das Fall 1 oder 2 Zoll (2,5 bis 5 cm) hinter dem am Mast oder auf Deck aufgezeichneten Referenzpunkt markieren, wobei man sich lieber nach der sicheren Seite irren sollte. Werden Kalibrierstreifen verwendet, so sollte die Markierung hinter der höchsten Zahl liegen. Kommt das Fall bei gesetztem Segel unter Spannung, so wird der Reck im Fall für den notwendigen Abstand zwischen Schäkelspleiß und Umlenkscheibe sorgen.

Dies wird dann der Punkt, über den hinaus das Fall nicht gespannt werden darf, welches Segel man auch immer vorheißt. Hat der Segelmacher gute Arbeit geleistet, so sollte er ungefähr auch für die Heißhöhe eines großen Kunststoff-Vorsegels gelten, wenn es für seine Spitzenbelastung getrimmt ist. Ist dies nicht der Fall – und beurteilen kann man es nur beim Segeln unter solchen Windbedingungen, wenn die maximale Wölbungstiefe an der richtigen Stelle steht –, muß eine

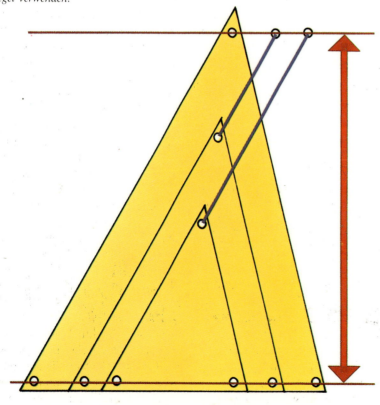

Mit Drahtstropps (blau) am Kopf der kleineren Vorsegel kann man die für das größte Segel „geeichte" Heißhöhe des Falls für alle Vorsegel verwenden.

Die Markierung an diesem Großsegelfall mit Kevlarkern zeigt an, um wieviel es beim Reffen gefiert werden muß, damit die Reffkausch über den Haken am Lümmelbeschlag gezogen werden kann.

weitere Markierung in Verhältnis zu dem Kalibrierpunkt am Mast oder auf Deck angebracht werden.

Bei Vorsegeln, die das gesamte Vorsegeldreieck ausfüllen und aus stärker strukturierten Kunststofftuchen und aus Laminaten gefertigt sind, muß man vorsichtiger an die Sache herangehen. Ein Überrecken des Vorlieks solcher Tuche kann permanentes Verziehen bedeuten. Sie sollten zunächst so weit geheißt werden, bis die Fältchen im Vorliek verschwinden. Jede weitere Spannung zur Verlagerung der maximalen Wölbungstiefe darf man dann nur ganz allmählich anbringen. Die Strecke, die das Fall bis zur maximalen Heißhöhe durchgesetzt wird, beträgt bei diesen Segeln nur einen Bruchteil dessen, was bei konventionellen Kunststoffsegeln möglich ist.

Es lohnt sich, auch die minimale Heißhöhe des Vorsegels zu notieren. Besonders der Regattasegler hat damit einen Hinweis auf die richtige Fallspannung beim Setzen eines Vorsegels in leichtem Wetter.

Diese Fallpositionen gelten natürlich zunächst nur für Segel, die bis zum Masttopp reichen oder zumindest für das größte an Bord gefahrene Vorsegel. Wie sieht es denn also aus, wenn man auf kleinere Vorsegel übergehen muß?

Am besten kommt man damit zurecht, wenn man den Segelmacher veranlaßt, am Kopf dieser Segel jeweils einen Drahtstropp anzuschlagen; damit wird die Vorlieklänge auf das Maß des größten Vorsegels gestreckt. Die Fallstellung für maximales Heißen des größten Vorsegels stimmt dann bei der gesamten Vorsegel-Last überein.

Großsegel-Fallen

Die weite Verbreitung des Cunningham-Stropps am Vorliek moderner Großsegel vereinfacht das „Eichen" des Falls.

Ist das Segel bis zum höchsten Punkt gesetzt, der fast immer mit einem schwarzen Band um den Masttopp gekennzeichnet ist, kann das Fall im Verhältnis zu einem Referenzpunkt am Untermast oder auf Deck markiert werden. Damit braucht man dann nicht mehr bei jedem Setzen des Großsegels die Stellung des Kopfbretts im Verhältnis zu dem schwarzen Band im Masttopp zu beobachten.

Es ist aber auch sinnvoll, das Großfall an jenen Punkten zu markieren, bis zu denen man es bei jedem Reff fieren muß. Dann braucht man das Großfall einfach nur bis zu einer dieser Markierungen zu fieren und kann die Reffkausch über den Haken am Lümmelbeschlag ziehen. Auch diese Technik entstand auf den Regattabahnen, ist aber möglicherweise noch nützlicher für den Fahrtensegler mit seiner meist recht kleinen Besatzung.

Das Trimmen der Segel

Bisher haben wir uns hauptsächlich mit der Natur der Segel befaßt – damit, wie sie arbeiten und welches Maß an Kontrolle dem Segler über sie zur Verfügung steht. Doch ohne den richtigen Segeltrimm ist wirklich befriedigendes Segeln nicht zu erreichen. Fassen wir noch einmal kurz zusammen, was der Segeltrimm eigentlich erreichen soll.
Die Segel erzeugen Bewegungskraft für das Boot, doch dabei erzeugen sie zugleich Widerstand. Der Vortrieb resultiert aus der Interaktion von Kräften zwischen Segeln und Boot und dabei besonders seinem Kiel und dem gesamten Unterwasserschiff.
Ziel des Segeltrimms muß es deshalb sein, den Auftrieb zu verstärken, den Widerstand zu verringern, aber auch eine Balance zwischen den Kräften oberhalb und unterhalb der Wasserlinie zu erhalten.

Die Balance

Ideal wäre es, wenn beim Amwindsegeln die gesamte von den Segeln erzeugte Querkraft gleich dem gesamten von Kiel und Ruder erzeugten Lateralwiderstand wäre. Vortrieb ist dann ein Produkt des von den Segeln erzeugten Auftriebs und der Gesamtwiderstand ein Produkt des von den Segeln und dem Unterwasserschiff erzeugten Widerstands.
Doch jede laterale Ungleichgewichtigkeit der Kräfte in der gesamten Takelage wird dann eine gleich starke und entgegengerichtete Änderung in der Fahrtrichtung des Boots verursachen. Auf dem oberen Foto stellt der obere Finger das Zentrum des Unterwasserwiderstands dar und die beiden unteren Finger die von Vor- und Großsegel erzeugte Querkraft; jeder Anstieg der einen über die andere Kraft – in diesem Fall die Querkraft des Großsegels – wird das Bleistiftboot um seine Unterwasserachse drehen lassen. Dann dreht es in den Wind (mittleres Foto). Um das Boot auf der geraden Linie weiterfahren zu lassen, muß Gegenbalance mit dem Ruder gegeben werden (unteres Foto), mit dem Ergebnis, daß der Widerstand ansteigt.

Ein Ungleichgewicht der gesamten Takelage kann sich auf zwei Wegen einstellen. Eine dritte Möglichkeit wäre, daß der Mast nicht den richtigen Fall hat. Nehmen wir an, der Mast steht richtig; dann kann ein Ungleichgewicht entstehen, wenn in einem der beiden Segel eine unverhältnismäßig starke Querkraft erzeugt wird, zum anderen aber auch, wenn die gesamte Segelfläche nicht richtig zur Mittschiffslinie angestellt ist.

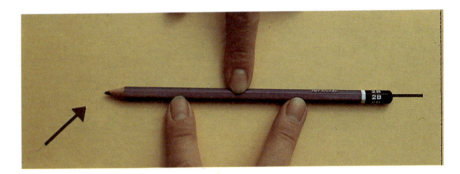

Foto: Rick Tomlinson/PPL

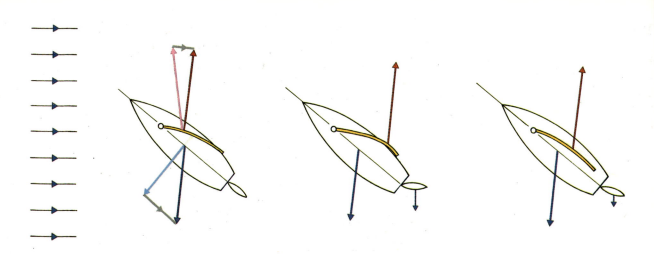

Bei einem schlecht geformten Segel (Mitte) oder einem zu dicht zur Mittschiffslinie angestellten Segel (rechts) verlagert sich die Gesamtkraft des Segels (rot) im Verhältnis zur Gesamtkraft am Kiel (blau). Verlagert sich aber der Segelschwerpunkt nach achtern, so muß Ruder gelegt werden, damit das Boot auf Kurs bleibt, was wiederum zusätzlichen Widerstand erzeugt.

Das erste ist eine Folge der Form eines einzelnen Segels. Auch ein schlecht getrimmtes Vorsegel hat eine bedeutende Wirkung auf das Gleichgewicht des Bootes, obwohl es weiter vorne steht als das Großsegel. Ein Vorsegel, das Zug in seinem achteren Teil ausübt, bringt das gesamte Gleichgewicht des Segelplans durcheinander, nämlich das mit dem Segelriß entworfene Verhältnis von Auftrieb und Widerstand.

Der zweite Fall tritt ein, wenn der gesamte Tragflügelquerschnitt nicht richtig getrimmt ist. Da es die Ablaufkante des gesamten Segelplans bildet, spielt das Großsegel bei dieser Art des unbalancierten Trimms die wichtigere Rolle.

Auftrieb gegen Widerstand

Weiteres Ziel des Segeltrimms ist es, den Auftrieb zu verstärken, den Widerstand zu verringern und damit die Richtung der Gesamtkraft so weit nach vorne in Fahrtrichtung zu bringen wie möglich.

Am einfachsten ausgedrückt heißt dies: Formen des Vorsegels für maximalen Auftrieb. Da dieses Segel in dem durch die Strömung um das Großsegel etwas raumer anfließenden scheinbaren Wind arbeitet, wird es ohnehin etwas stärker quer zum Wind angestellt. Doch die von der besagten Strömung um das Großsegel erzeugte Energie hängt vom richtigen Großsegel-Trimm und von der richtigen Abstimmung beider Segel zueinander ab. Hier ist es wichtig, daß diese Abstimmung beider Segel aufeinander die richtige Strömung sowohl um eine schmale Fock wie um eine breite, überlappende Genua beherrscht; die Lücke zwischen beiden mag viel größer sein, doch die Wirkung jedes Segels auf das andere ist ähnlich. Die Strömung um die Segel und deren Vorteile existieren in beiden Fällen.

Aerodynamisch müssen deshalb die Segel als eines arbeiten, und dazu muß das gesamte Tragflügelprofil im richtigen Winkel zur Mittschiffslinie getrimmt sein.

Da die Segel zusammen arbeiten, denkt man oft, daß es ausreiche, das Vorliek des Vorsegels und das Achterliek des Großsegels zu trimmen. Dies kann man tatsächlich als Ausgangspunkt nehmen und dabei jenen Bereich, in dem sie sich direkt gegenseitig beeinflussen, für den Moment außer acht lassen.

Trimm des Großsegel-Achterlieks

Wir wissen schon, das Großsegel, besonders sein Achterliek, hat eine bedeutsame Wirkung auf die Balance des Bootes. Dies muß der Ausgangspunkt unserer Überlegungen sein. Der Winkel, in dem das Großsegel zur Mittschiffslinie und zu der beschleunigten Strömung des scheinbaren Winds angestellt ist, wird mit der Großschot kontrolliert. Das Großsegel-Vorliek ist dank der durch den Mast gestörten Strömung ein schlechter Indikator für den richtigen Anstellwinkel. Außerdem wird über die Spannung der Großschot das Maß an Verwindung im Achterliek des Segels beherrscht. Wir benötigen also einen Indikator, der uns anzeigt, daß die Strömung glatt von der Ablaufkante des Segels abfließt, und zwar über seine gesamte Höhe.

Windfäden am Achterliek

Eine Methode ist, Windfäden aus Nylonstreifen oder Wollfäden ans achtere Ende jeder Lattentasche zu nähen. Solange sie waagerecht nach achtern zeigen, ist das Achterliek des Segels flach genug und besitzt genügend Verwindung, um die Strömung glatt und wirksam abfließen zu lassen. Doch das Segel könnte auch zu flach sein oder zuviel Verwindung aufweisen, um in den gerade herrschenden Bedingungen seine volle Kraft entfalten zu können. Normalerweise läßt zuviel Wölbung oder zuviel Verwindung die Windfäden erst nach oben flattern, bis sie sich schließlich flach an die Leeseite des Segels anlegen.

Optimale Verwindung und Wölbung ist erreicht, wenn die Windfäden, besonders an den oberen Lattentaschen, etwa die Hälfte der Zeit aus der Waagerechten nach oben schwenken.

Die Windfäden am Achterliek in Höhe der obersten Lattentasche strömen als erste nicht mehr nach achtern (links), bis sie schließlich auf der Leeseite des Segels verschwinden (rechts).

Die oberste Segellatte

Eine zweite Methode, weniger zeitraubend und sicherlich auch weniger anstrengend für den Nacken des Seglers, besteht einfach darin, sich auf das Geschick des Designers zu verlassen, nämlich darauf, daß das Segel die ursprünglich eingebaute richtige Verwindung auch beibehalten wird.

In neun von zehn Fällen wird – außer in sehr leichten Winden – das richtige Maß an Verwindung sich dann eingestellt haben, wenn die oberste Segellatte parallel zum Baum steht. Um das festzustellen, peilt man von unterhalb des Baums nach oben, während man mit der Hand die Großschot

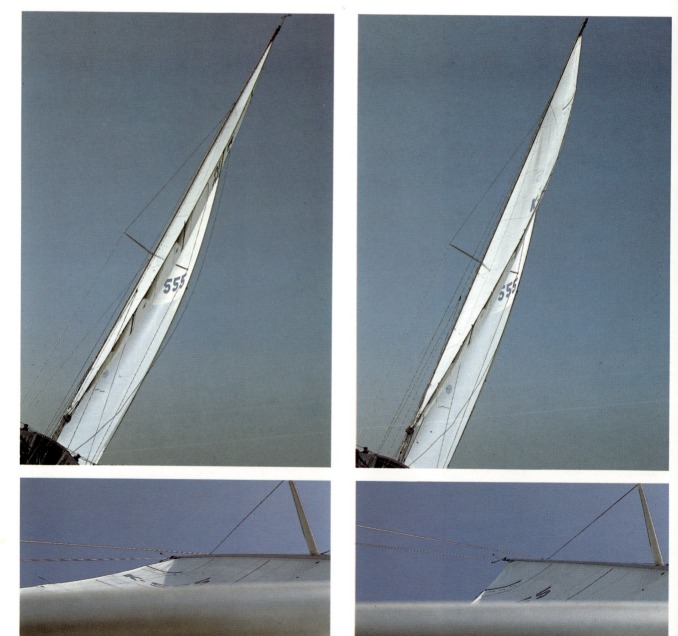

trimmt. Dazu muß man die Großschot so eingestellt haben, daß keinerlei Gegenruder nötig ist; jede Veränderung der Verwindung mit der Schot wird sich dann auch unmittelbar am Ruder bemerkbar machen. Dabei kann ein Großschot-Traveller eine wichtige Rolle spielen. Die einzige Aufgabe der Schot ist dann die Kontrolle der Verwindung; der Winkel zwischen Segel und Mittschiffslinie wird über das Verstellen des Travellers auf der Schiene eingestellt. Die Kontrolle der Verwindung wirkt sich auch auf das Verhältnis von Wölbungstiefe und Sehnenlänge im Oberteil des Segels aus wie auf die Position des maximalen Vortriebs im Segel. Doch solange die Windfäden richtig auswehen oder die oberste Segellatte parallel zum Baum steht, kann man diese Punkte erst einmal vernachlässigen.

Trimm des Vorsegel-Vorlieks

Als Anschnittkante der gesamten Segelfläche ist die Form des Vorsegel-Vorlieks und sein Anstellwinkel zur Windströmung wesentlich für alles, was folgt.

Insbesondere wird dadurch der Winkel, in dem das Boot am Wind segeln kann, bestimmt. Während eigentlich ja das Segel seinen Anstellwinkel zum Wind durch den Trimm ändert, ist es manchmal leichter sich vorzustellen, daß das Boot seine Richtung ändert und die Segelstellung konstant bleibt.

So denke man zum Beispiel an den mit der Schot auszuführenden grundlegenden Trimm. Nimmt der Wind ab, wird er sich nicht länger um die spitze Vorliekkante eines dichtgeholten Vorsegels biegen lassen. Um die Abrißblase zu verkleinern und die Strömung wieder über das Lee des Segels fließen zu lassen, muß die Schot gefiert werden, wobei der Anstellwinkel des Vorlieks weniger spitz wird. Fällt man dann mit dem Boot nicht ebenfalls ab, wird das Vorliek einfallen. Tatsächlich hat sich der Winkel des Boots zum Wind geändert.

Im vorletzten Kapitel haben wir bereits beschrieben, wie der Holepunkt der Vorsegelschot richtig eingestellt wird. Zeigen alle Windfäden am Vorliek in die gleiche Richtung, so kann man davon ausgehen, daß das gesamte Vorliek den anströmenden

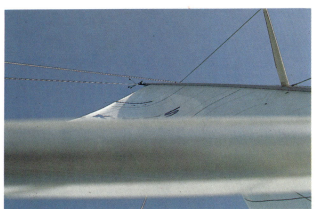

Peilt man von unterhalb des Baums nach oben, so zeigt die oberste Segellatte auf dem linken Foto (unten) ein zu dichtes Achterliek. Auf den mittleren beiden Fotos fällt die Latte nach Lee ab, was zuviel Verwindung anzeigt. Rechts steht die Segellatte parallel zum Baum, was ein Indikator für den richtigen Trimm des Achterlieks ist.

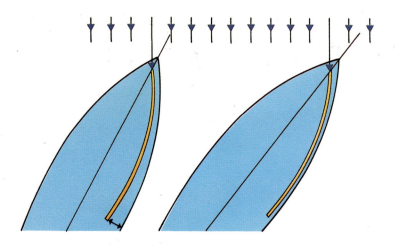

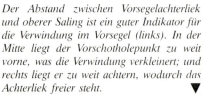

Ein stark nach innen geschotetes Vorsegel (links) ergibt einen feineren Anstellwinkel. Das Boot kann höher an den Wind gehen, als wenn der Holepunkt der Schot weiter außenbords liegt (rechts). ◀

Der Abstand zwischen Vorsegelachterliek und oberer Saling ist ein guter Indikator für die Verwindung im Vorsegel (links). In der Mitte liegt der Vorschotholepunkt zu weit vorne, was die Verwindung verkleinert; und rechts liegt er zu weit achtern, wodurch das Achterliek freier steht. ▼

Wind im gleichen Anstellwinkel aufnimmt.

Steht jetzt noch der Punkt der tiefsten Wölbung an der richtigen Stelle, so haben wir damit grundsätzlich den richtigen Vorsegeltrimm beschrieben. Doch läßt sich das Ganze immer noch auf recht einfache Weise verfeinern, so daß die Wirksamkeit des Segels verstärkt wird.

Schotwinkel

Verändert man den Holepunkt der Vorschot querschiffs, so ändert sich auch der Anstellwinkel des Vorlieks; zugleich hat dies aber auch eine Nebenwirkung auf das Verhältnis von Wölbungstiefe zu Sehnenlänge im Segel.

Verengt man den Schotwinkel, das heißt wird der Holepunkt nach innen verlegt, kann das Boot im Verhältnis zum Winkel des Segels am Wind drehen. Mit anderen Worten: Das Boot kann höher an den Wind gehen, doch nur auf relativ ruhigem Wasser. Indem die vom Segel erzeugte Gesamtkraft ebenfalls seitwärts dreht, wird der Vortrieb geringer und die Gefahr des Abreißens der Luftströmung größer. Bei nur wenig rauherem Seegang wird es fast unmöglich werden, das Boot genau genug zu steuern, um dieser Gefahr entgegenzuwirken.

Anschnittwinkel

In dem Kapitel über Herstellung von Segeln sprachen wir darüber, den Winkel der Anschnittkante, wiederum im Verhältnis zu veränderlichen Bedingungen des Seegangs, innerhalb des Segels zu justieren. Wird der Punkt der größten Wölbungstiefe nach vorne verlagert, so reagiert die Anschnittkante nicht mehr so empfindlich auf kleine Schwankungen durch Seegang oder Nachlässigkeit am Ruder, aber zugleich opfert man etwas Höhe am Wind.

Auf dieser Grundlage gibt es für den Segler eine ganze Reihe von Trimm-Möglichkeiten.

Bei rauhem Wetter ist es unmöglich, das Boot immer im gleichen Winkel zum Wind zu halten; deshalb gibt man hier einen Schrick in die Schot und fällt ein paar Grad ab, um dann mit mehr Kraft durch die Wellen gehen zu können. Dabei bewegt sich nicht nur das gesamte Segel nach vorne, sondern den Spannung des Vorlieks, die jetzt im Verhältnis zur Schotspannung stärker ist, läßt auch die Gesamtkraft nach vorne schwingen. Ein Schrick in der Schot bedeutet aber auch mehr Verwindung des Segels. Bei stärkeren Winden ist das durchaus gut, doch bei schwächeren Winden bedeutet es einen Verlust an möglicher Vortriebskraft.

Verlagert man den Schotholepunkt nach vorne, erhält man eine ähnlich geformte Anschnittkante; doch die Verwindung im Segel wird geringer und das Verhältnis von Wölbungstiefe zu Sehnenlänge zugleich größer. Das erzeugt mehr Vortrieb; doch außer bei leichten Winden steigt die Gefahr des Abreißens der Strömung bei gleichzeitigem Zunehmen des Widerstands schnell an.

Die dritte Methode besteht darin, das Vorliek ein wenig durchsacken zu lassen. Das Durchhängen des Vorstags wird bei einer Topptakelung durch die Achterstagspannung und bei einer Siebenachtel-Takelung durch die Backstage kontrolliert. Wenn in schwierigen Bedingungen Fahrt durchs Wasser wichtiger ist als Höhe am Wind, vergrößert ein kontrolliertes Durchhängen des Vorstags den Winkel der An-

Rechts hat sich wegen des etwas durchhängenden Vorstags die Lage der größten Wölbungstiefe von ihrer Position auf der Mitte der Segelsehne (links) nach vorne verlagert.

Bei sehr leichten Winden wird der Holepunkt der Vorschot nach vorne und innen versetzt und die Schot etwas gefiert. Eine parallele Düse ist möglich, indem man das Großsegel abflacht.

schnittkante, was das Segel nicht so leicht einfallen läßt.

Letzteres läßt sich vor allem bei modernen, strukturierten Segeln anwenden. Je stärker strukturiert, das heißt je fester das Tuch ist, desto weniger Fallspannung wird für die richtige Lage der größten Wölbungstiefe benötigt. Läßt man das Vorstag also ein wenig durchsacken, während zugleich die Spannung im Vorliek erhalten bleibt, kann man die größte Wölbungstiefe auf sehr kontrollierte Art und Weise nach vorne verlagern. Leider wird dadurch aber auch das Verhältnis von Wölbungstiefe zu Sehnenlänge vergrößert und besonders im oberen Teil des Segels die Verwindung vermindert. Bei Segeln aus stärker strukturierten Tuchen muß der Holepunkt bei zunehmendem Wind nach achtern versetzt werden.

Außer bei rauhem Seegang ist die optimale Position der größten Wölbungstiefe auf dem Mittelpunkt oder etwas vor der Mitte der Sehne. Damit erreicht man die beste Höhe zum Wind, muß aber mit dem Ruder sehr genau arbeiten. Verlagert man sie nach vorne, verträgt das Segel kleinere Abweichungen (durch Seegang oder Ruderlage), aber man erreicht nicht mehr die gleiche Höhe zum Wind.

Die Lage der größten Wölbungstiefe kann nur einigermaßen genau geschätzt werden, wenn man von einer Position vor dem Mast in das obere Drittel des Segels peilt. Bei einer Peilung aus der Position des Rudergängers ist die Perspektive immer verzerrt.

Noch einmal: Windfäden

Es gibt noch eine weitere Anzeige für den richtigen Anstellwinkel, die sich allerdings wohl nur auf einigen Regattayachten findet. Es ist ein Hinweis für den Rudergänger, daß das Vorsegel-Vorliek optimal getrimmt ist und das Boot so hoch wie möglich an den Wind geht.

Dafür wird von der Mitte des Vorlieks eine bis zum Achterliek reichende Reihe von Windfäden im Segel angebracht. Die Windfäden auf der Leeseite des Segels können dann das Vorhandensein einer Abrißblase anzeigen, die durch einen zu engen Anstellwinkel verursacht wird.

Wenn man nun das Boot langsam höher an den Wind legt, kann ein guter Rudergänger erst die achteren und dann auch die Windfäden direkt am Vorliek nach achtern strömen lassen. Der Trick ist, alle Windfäden auf der Leeseite in die gleiche Richtung strömen zu lassen, ohne daß einige der Fäden auf der Luvseite zu flattern beginnen; sie müssen auf der gesamten Vorliekslänge weiterhin glatt anliegen. Eine rundere Anschnittkante erleichtert zwar das Steuern; doch gerade im Zusammenhang mit einer möglichst scharfen Anschnittkante und einem möglichst hohen Kurs zum Wind sind diese Windfäden zu einer Art zweitem Speedometer geworden.

Die Düse

Bisher haben wir beim Segeltrimm das Verhältnis zwischen dem Achterliek des Vorsegels und der Form des vorderen Großsegelbereichs vernachlässigt.

Man erinnere sich, daß es darauf ankommt, die Leeströmung am Vorsegel, die sich zum Achterliek hin verlangsamt, zum Überspringen auf das Großsegel zu veranlassen, wobei sie von der schnelleren Strömung niedrigeren Drucks am Großsegel neue Energie erhält. Macht man es ihr mit einer zu engen Lücke allzu leicht, so wird die Strömung niedrigeren Drucks an der Leeseite des Großsegels durch den relativ hohen Druck in Luv des Vorsegels verlangsamt werden. Verlangsamt sich aber die Leeströmung am Großsegel zur gleichen Geschwindigkeit wie die Luvströmung, gleicht sich der Druck auf beiden Seiten des Segels aus, das Vorliek fällt ein. Hierin liegt also der Schlüssel für die Breite der Düse.

Zeigen die Windfäden am Vorliek des Vorsegels in eine Richtung, und liegt

Am Wind in einer guten Brise ist die Düse bei dieser Siebenachtel-Takelung von oben bis unten parallel und gerade weit genug, um das abgeflachte Großsegel am Einfallen zu hindern.

die größte Wölbungstiefe auf der Mitte der Sehne oder etwas davor, so wird die Verwindung des Vorsegels fast immer richtig sein. Das Trimmen kann sich dann darauf konzentrieren, das Großsegel dieser Kurve anzupassen.

Die optimale Breite der Düse wird erreicht sein, kurz bevor der Vorliekbereich des Großsegels backzufallen beginnt. Nehmen wir an, daß der Schotwinkel des Vorsegels für die vorhandenen Wind- und Seegangsbedingungen richtig steht, so muß, um ein Backfallen des Großsegels zu verhindern, dieses nach Luv geholt werden, damit sich die Düse erweitert. Da dies aber das Gleichgewicht im gesamten Boot verändern wird, muß eine Alternative gefunden werden. Das gleiche gilt übrigens, wenn die Düse zu weit ist, das heißt wenn der Vorliekbereich des Großsegels noch kein Anzeichen zum Einfallen zeigt, so daß eigentlich das Großsegel weiter nach Lee ausgestellt werden müßte.

Die Alternative ist, das Großsegel abzuflachen oder das Verhältnis von Wölbungstiefe zu Sehnenlänge zu verkleinern, wobei ebenfalls die Breite der Düse verändert wird. Die Möglichkeiten, dies auf jeder vertikalen Ebene des Segels kontrolliert durchzuführen, sind vorhanden. Im unteren Drittel des Segels wird es vom Schothorn-Ausholer kontrolliert. Vergrößern wir den Abstand zwischen Schothorn und Hals, so flachen wir die Sehnen im unteren Teil des Segels ab, zumindest bei einem nicht strukturierten Segel älteren Fabrikats. Mehr Biegung im Mast wirkt bei jedem Fabrikat besser auf die oberen zwei Drittel des Segels.

Bei vorsichtiger Anwendung einer oder auch beider Möglichkeiten können wir das Großsegel abflachen, bis das Vorliek in der gesamten Höhe der Düse angepaßt ist, das Vorliek des Großsegels also kurz vor dem Backfallen steht. Verwendet man die gleichen

Kontrollmöglichkeiten umgekehrt, so kann man damit das Segel tiefer machen, um die Düsenöffnung zu verengen.

Vorliek-Spannung

Jede Veränderung in der Spannung der horizontalen Sehnen muß mit einer entsprechenden Justierung in der Vertikalen ausgeglichen werden, damit die größte Wölbungstiefe immer an der richtigen Stelle sitzt.

Bei strukturierten Segeln wird der Cunningham-Stropp auch dazu benutzt, vom Schothorn diagonal ins Segel hinauf verlaufende Falten zu glätten, die durch die Mastbiegung beim Abflachen des Segels verursacht werden.

Die optimale Lage des Segeldruckpunkts wird beim Großsegel ganz ähnlich eingestellt, wie beim Vorsegel beschrieben; nur bei leichten Winden kann die Wölbungstiefe bis hinter die Mitte der Sehne nach achtern rutschen.

Jetzt könnte man behaupten, daß beide Segel sowohl einzeln wie auch als gemeinsames Tragflügelprofil richtig getrimmt sind. Das klingt vernünftig, doch gibt es eine Schwierigkeit.

Leider haben die Vorrichtungen, mit denen wir das Großsegel formen, eine primäre und eine sekundäre Wirkung.

Die Sekundärwirkung besteht darin, daß mit ihnen unweigerlich auch die Form des Großsegel-Achterlieks und damit das gesamte Gleichgewicht verändert sein wird. Und auch wenn das nicht so wäre, arbeitet jetzt das Großsegel so wirkungsvoll, daß der von ihm erzeugte Aufwind am Vorsegel dazu führt, daß dort der scheinbare Wind etwas raumer einfällt. Die Folge ist, daß das Vorsegel neu getrimmt werden muß und so weiter und so weiter . . .

Von links nach rechts wird der Mast immer stärker gebogen, um das Großsegel abzuflachen und am Vorliek nicht einfallen zu lassen.

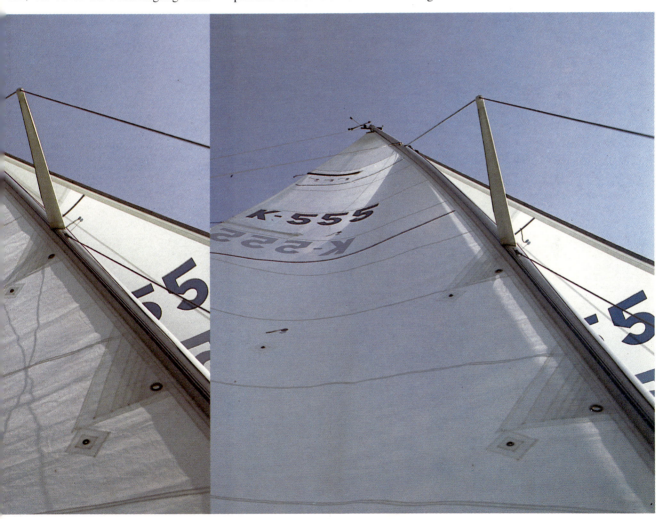

135

Spinnaker

Vorwindsegeln ist irgendwie paradox. Theoretisch sollte dieser Kurs zum Wind der geistig und physich erholsamste sein. Leider ist das jedoch in der Praxis nur selten der Fall. Die Fahrt wird im reduzierten scheinbaren Wind langsamer, und je mehr der Wind von achtern kommt, um so schwieriger ist das vom Großsegel abgeschattete Vorsegel zu trimmen. Auch bei behutsamster Behandlung verkleinert die Tatsache, daß ohne weitere Hilfsmittel die Schot nicht weit ausgestellt werden kann, noch zusätzlich den vom Vorsegel erzeugten Vortrieb.

Der Vortrieb wird tatsächlich vor allem vom Großsegel erzeugt, das mit Hilfe des Baums quer zur Luftströmung gehalten wird. Dieser Vortrieb besteht fast ausschließlich aus Widerstand. Die Luftströmung muß jetzt um alle drei Kanten des Segels herum fließen; doch ist der extreme Anstellwinkel jeder Kante zu groß, um die Strömung auf der Leeseite des Segels anliegend halten zu können. Sie reißt ab, und so bilden sich auf der gesamten Leefläche des Segels Verwirbelungen. Auf der Luvseite des Segels staut sich der Wind, und damit erhöht sich der Druck.

Da das Vorsegel in Lee des Großsegels und in seiner abreißenden und verwirbelnden Luftströmung zu arbeiten hat, kann es verständlicherweise gar nicht wirkungsvoll gesetzt werden. Eine Möglichkeit ist jetzt, das Schothorn mit einem Ausstellbaum in die ungestörte Luftströmung auf der dem Baum gegenüberliegenden Seite auszustellen.

Wirksamer wäre es jedoch, den Hals des Vorsegels auszubaumen. Dabei würde die Strömung zuerst auf das Vorliek des Segels treffen, und sein Schotwinkel wäre wirkungsvoll vergrößert. Man hat das auch ausprobiert und dabei festgestellt, daß es eine höchst wirksame und leicht zu kontrollierende Takelungsart für Vorwindkurse bei sehr schwerem Wetter ist. Man mag darüber denken wie man will, doch dieses leicht verständliche Konzept war sicherlich die Grundlage für die Entwicklung des Spinnakers. Sowohl die Form des Spinnakers wie das Material, aus dem er üblicherweise gemacht wird, sind anders als bei anderen Vorsegeln. Im Grunde ist der Spinnaker ein Vorsegel, dessen fliegendes Vorliek an einem Baum in die ungestörte Luftströmung ausgestellt wird.

Vor dem Wind

Die frühe Spinnaker-Entwicklung führte vor allem wegen der Problematik ihrer Handhabung zu einer symmetrischen Form. Als die Größe der ausgebaumten Vorwindsegel wuchs, wuchsen auch die Probleme beim Halsen mit solchen Riesenflächen.

Eine Genua, gesetzt wie ein Spinnaker: Der Hals ist an einem Baum nach Luv ausgestellt.

Foto: Nick Rains/PPL

Gleichzeitig wurde deutlich, daß ein breiterer Querschnitt im oberen Teil des Segels den Vortrieb beträchtlich erhöhte. Zum einen rührt dies daher, daß das sich nach oben verengende Großsegel hier weniger störenden Einfluß ausüben kann. Doch gibt es noch einen weiteren Faktor, den man damals vielleicht noch nicht vollständig verstehen konnte.

Bisher haben wir Strömung nur insofern betrachtet, als sie quer über eine vertikale Segelfläche fließt. Jedoch ein großer und wirksamer Bereich des Spinnakers, nämlich der Bereich am Kopf zwischen beiden Schultern, bietet der Luftströmung eine fast horizontale Fläche. Die Wirksamkeit rührt daher, daß in diesem Bereich die Kanten einen geringeren Anstellwinkel haben, so daß die Strömung über die Leefläche des Spinnakers geleitet werden kann und dadurch Auftrieb erzeugt. Dieser Auftrieb ist in Fahrtrichtung gerichtet und verstärkt damit die Widerstandskräfte; er hebt aber auch den Spinnaker an und damit aus dem Bereich der abreißenden Strömung in Lee des Großsegels.

Aerodynamik

Kehren wir für einen Moment zur aerodynamischen Theorie zurück und fragen uns, welche Kräfte denn an einem Spinnaker auf einem Kurs platt vorm Wind wirksam werden.

In der oberen Illustration aus der Vogelperspektive steht das Segel direkt quer zum Wind. Der Staupunkt liegt irgendwo in der Mitte der Luvseite des Segels, und an beiden Seiten des Staupunkts trennt sich die Strömung und versucht, aus dem Segel heraus und um es herum zu fließen. An den Kanten reißt sie ab und bildet Verwirbelungen, die Segel und Boot vorwärts ziehen.

Doch ist auch eine Tendenz zu beobachten, daß sich die von der Luvseite

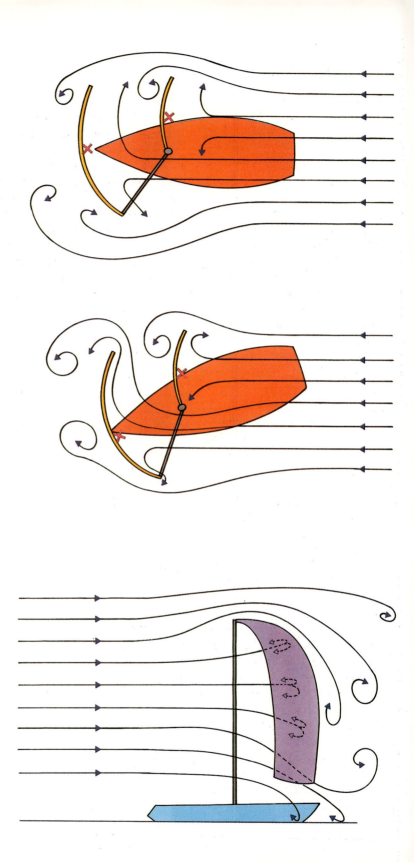

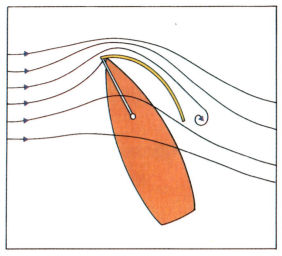

Auf raum-vorlichem Kurs unter Spinnaker ist das teilweise Abreißen der Luftströmung unvermeidbar...

...denn es gibt keine Möglichkeit, die Luftströmung bei einem so hohen Verhältnis von Wölbungstiefe zu Sehnenlänge an der Leeseite des Segels anliegend zu halten.

erhalten, bestimmt. Die Versuchung, diese Riesenfläche auch dann noch zu verwenden, wenn der Wind vorlicher einfällt, kann man leicht nachvollziehen. Doch wenn der Wind schralt oder das Boot höher an den Wind geht, findet eine grundlegende Änderung statt. Nun wird der Spinnaker wie ein konventionelles Vorsegel, und zwar in dem Maße, wie sich der Anstellwinkel am Luvliek im Verhältnis zur Luftströmung verkleinert, so daß die Luft auf die bekannte Weise horizontal über das Segel strömt.

Von oben gesehen besteht wenig Unterschied zwischen dem Strömungs-

der Wölbung reflektierte Strömung erst noch seitwärts fortsetzt, bevor sie in Windrichtung abzieht. Tatsächlich wird die Segelfläche durch diesen Kanteneffekt vergrößert. Eine flache Wölbung verstärkt diesen Effekt und damit die Zugkraft des Segels.

In der mittleren Zeichnung ist das Segel um 10 bis 15 Grad nach Luv versetzt. Erkennbar ist, daß die Strömung über eine gewisse Strecke am Luvliek an der Leeseite des Segels anliegt; dies ist Folge des kleineren Anstellwinkels. Der Kanteneffekt am Luvliek ist verschwunden, hat sich jedoch am Leeliek verstärkt.

Die dritte Illustration (unten) zeigt die Vorgänge von der Seite. Im Kopfteil des Spinnakers fließt ein relativ großer Teil der Strömung anliegend über die Leeseite des Segels und erzeugt damit einen Auftrieb. Ein Teil der Luftströmung wird nach unten abgelenkt, was bei sehr ruhigem Seegang als kleine Kräuselung des Wassers unter dem Spinnakerunterliek sichtbar wird.

Raume Kurse

Die Entwicklung der Spinnaker-Grundform war durch die Notwendigkeit, ein wirksames Vorwindsegel zu

bild eines Spinnakers und eines sehr vollen Vorsegels. Im Extremfall jedoch, nämlich bei einem raum-vorlichen Kurs, werden etwa 50 Prozent der Strömung abreißen und damit seitlich gerichteten Widerstand am Boot erzeugen. Das Verhältnis von Wölbungstiefe zu Sehnenlänge ist einfach zu groß.

Auch am Kopf wird jeder horizontale Auftrieb jetzt in die falsche, nämlich seitliche Richtung ziehen.

Wie die Form des Spinnakers manipuliert oder getrimmt werden kann, um diesen Strömungsmustern entgegenzuwirken, wird hoffentlich später noch deutlich werden. Es reicht in diesem Stadium aus, wenn wir einige der Kriterien verstanden haben, mit denen Entwurf und Konstruktion dieses Segels zurechtkommen müssen.

Spinnaker-Tuche

Obgleich die Erfindung eines fliegend gesetzten Vorwindsegels weit in die Vergangenheit zurückreicht, haben unsere heutigen Spinnaker doch eine relativ kurze Entwicklungszeit hinter sich. Ihre Geschichte ist eng mit der Entwicklung des Nylons und dabei besonders des Nylons für Fallschirme verwoben.

Die Tucheigenschaften, die für Fallschirme wie für Spinnaker erforderlich waren, sind sehr ähnlich. Geringes Gewicht, Stärke, Elastizität bei plötzlichen Spannungen, kontrollierte Durchlässigkeit und ein gewisser Widerstand gegenüber Verziehen spielen bei beiden Endprodukten eine Rolle. Das Gewicht ist der erste wesentliche Faktor. Vor- und Großsegel werden von der Takelage gehalten. Der Spinnaker aber erhält nur Halt durch die aerodynamischen Kräfte, die er selbst erzeugt. Allzweck-Spinnaker für Boote zwischen 30 und 40 Fuß Lüa (9 bis 12 m) werden üblicherweise aus 0.85-Unzen-Nylon gemacht, was etwa 35 g/m² entspricht. Für große Vorsegel verwendet man zum Vergleich Da-

cron-Tuche mit einem Gewicht von 5 bis 6 Unzen, was ungefähr 210 bis 250 g/m² entspricht. Nylon- und Dacron-Tuche sind bei gleichem Gewicht gleich stark, doch sind die Unterschied in puncto Reck oder Stabilität sehr groß.

Nylon besitzt tatsächlich eine Reihe zusätzlicher interessanter Qualitäten, die es so ideal für Spinnaker macht. Die feinen Denier-Garne sind bei gleichem Gewicht dicker als Dacron-Garne. Die sich beim Webvorgang bildenden Zwischenräume werden noch vor der Hitzebehandlung verkleinert. Dies vermindert die Durchlässigkeit des fertigen Tuchs sehr stark, so daß die Menge der durch das Segel sikkernden Luftströmung begrenzt wird. Eine zusätzliche Polyurethanbeschichtung macht es fast undurchdringlich, wenigstens solange das Segel neu ist. Die Beschichtungen schließen auch das Gewebe zusammen, was den Diagonalreck vermindert.

Die plötzlichen Spannungen, die entstehen, wenn ein Spinnaker sich bei stärkerem Wind füllt, sind enorm. Da der Spinnaker immer wieder zusammenfällt und sich neu füllt, sind diese Schockspannungen unvermeidlicher Teil seines Lebens. Ein Segel aus weniger elastischem Material wie z. B. Dacron würde eine Takelage und eine Ausrüstung von wahrhaftig massiven Ausmaßen erforderlich machen.

Die Polyurethanbeschichtung ist zwar recht populär; doch werden auch andere Beschichtungen, vor allem Mela-

Links unbehandeltes Spinnaker-Nylon in 80facher Vergrößerung. Die einzelnen Garne sind bei gleichem Gewicht dicker als Dacron-Garne, und die horizontalen Schußgarne verlaufen gerader. Rechts Spinnaker-Nylon nach der Hitzebehandlung und dem Färben: Das Gewebe ist dichter geworden. Das dickere, vertikale Garn (in der Mitte) gehört zu dem quadratisch verwebten „Reiß-Stopp".

Dieser Spinnaker aus hauchdünnem Foliengewebe (Laminatfilm) erschien zu den Kämpfen um den America's Cup 1987 auf den Regattabahnen. Foto: Barry Pickthall

min, verwendet, um dem Tuch eine stärkere Struktur zu geben. Damit erhöht man die Stabilität des Segels, doch brechen sie leichter von der Nylon-Grundlage. Weil diese zusätzliche Stabilität im Entwurf des Segels eingerechnet ist, wird es nach dem Abbrechen der Beschichtung sehr viel schlechter stehen als ein Segel mit flexibler Endbearbeitung.

Risse sind ein weiteres Problem in direktem Zusammenhang mit härterer Endbearbeitung. Das gitterähnliche Netz dunklerer Linien im Spinnakertuch stammt von dickeren und deshalb stärkeren Garnen, die beim Weben eingebracht werden. Dieser „Reiß-Stopp" soll die Vergrößerung kleiner Risse im Segel verhindern. Das ist die Theorie; doch praktisch muß der Riß schon recht klein sein, wenn er von ihnen aufgehalten werden soll. Wenn allerdings Nylon mit weicherer Endbearbeitung um eine scharfe Kante knickt, drücken sich die

Sowohl die Stabilität des Entwurfs wie auch der Grad an Auftrieb, der im Kopfteil des Segels erzeugt wird, werden beim Fliegenlassen des Spinnakers demonstriert. Foto: Barry Pickthall

Garne zusammen, wobei sich die Belastung mehr verteilt. Ein Riß kann dann erst gar nicht so leicht entstehen. Garne, die durch eine härtere Endbearbeitung auseinander gehalten werden, brechen leichter einzeln, wodurch viel eher ein richtiger Riß entstehen kann.

Spinnaker-Form

Moderne Spinnaker-Entwürfe und -Formen sind Kompromisse des Unmöglichen. Wie wir bereits gesehen haben, ist das optimale Verhältnis von Wölbungstiefe zu Sehnenlänge bei einem vor dem Wind gesetzten Spinnaker ganz anders als bei halbem Wind. Vor dem Wind wird ein Verhältnis von ungefähr 1 : 4 die achterliche Luftströmung effektiv einfangen. Bei halbem Wind läge das Verhältnis ungefähr im Bereich von 1 : 7.

Das Segel muß außerdem symmetrisch sein. Der echte Spinnaker muß dem Segler auf beiden Vorwindkursen, also auch nach dem Halsen, die gleichen Eigenschaften bieten.

Bedeutsam ist auch die Stabilität, nicht nur in der Struktur des Segels, sondern auch als fliegende Form. Da die Form ja nur an drei Punkten gehalten wird, muß zwischen diesen Punkten ein hohes Maß an Gleichgewicht erreicht werden, nämlich zwischen den Zugkräften an diesen drei Punkten und zwischen den vom Segel selbst erzeugten Kräften.

Einer der einschränkenden Faktoren beim Entwurf ist das relativ kurze Unterliek. Soll das Segel auf raumseitlichen Kursen genug abgeflacht werden können, zugleich aber auch auf Vorwindkursen im oberen, Vortrieb erzeugenden Bereich ausreichend

Der obere Teil des Spinnakers sollte idealerweise dem Segment einer vollkommenen Kugel gleichen.

Kontrolle erhalten bleiben, müssen Unterliek und die unteren Sehnenlängen eng sein.

Am kritischsten ist jedoch bei einem solchen Allround-Spinnaker die Notwendigkeit, den voll geschnittenen Kopfteil genügend zu öffnen, damit er das Boot auf Halbwindkurs nicht einfach nur krängt.

Diese Probleme lassen sich nicht leicht lösen, zumal die Segelmacher zugegebenermaßen noch längst nicht im Detail wissen, wie ein gut ziehender Spinnaker arbeitet. Das Problem liegt vor allem darin, daß fast keine wissenschaftlichen Vergleichsdaten vorhanden und offensichtlich in näherer Zukunft auch nicht zu erwarten sind. Es existieren keinerlei Daten darüber, wie und welches Maß an Auftrieb von solchen Segelformen erzeugt wird, und eine Aufzeichnung der Zug- und Druckkräfte an einem derartigen Segel scheint selbst die Möglichkeiten der Experten zu übersteigen. Auch der allgegenwärtige Computer hat noch Schwierigkeiten, Schlüsse aus den eingegebenen empirischen Daten zu ziehen.

So ist die Spinnakerform fast vollständig ein Ergebnis empirischer Annäherung. Die Theorie wird ausprobiert, und die Ergebnisse der Erfahrungen werden weiter verfeinert.

Mathematisch läßt sich der Kopfteil des Segels recht einfach erfassen. Soll jeder Quadratzentimeter gut ziehen, so muß dieser Bereich des Segels ziemlich genau einem sphärischen Dreieck entsprechen. Beim Abpellen einer Orange kann man einen guten Eindruck davon erhalten.

Aus der Verfeinerung der empirischen Erfahrungen hat sich die Ansicht gebildet, daß ein elliptischer Querschnitt der beste praktische Kompromiß für ein breites Spektrum an Windgeschwindigkeiten und Anstellwinkeln ist. Dies ist die Vorwind-Form, die bei richtiger Konstruktion und richtigem Trimm am besten in eine wirksame Halbwind-Form umgewandelt werden kann.

Ein relativ flacher Querschnitt im Zentrum des Segels optimiert die Kraft auf Vorwindkurs, und die relativ größere Wölbungstiefe an den Liekkanten verbessert die Stabilität des Segels. Bei halbem Wind kann das Leeliek bis zu einem vernünftigen Tragflügelprofil abgeflacht werden.

Hand in Hand mit den empirischen Entwicklungen der Form laufen natürlich Fortschritte bei Material und Schnitt. Keiner dieser Bereiche kann sich jedoch ohne Einfluß auf die anderen weiterentwickeln. Also werfen wir zunächst einen Blick auf die Entwicklung des Spinnakerschnitts.

Spinnaker-Schnitt

Bis in die frühen 60er Jahre wurden Spinnaker aus zwei identischen Hälften hergestellt, wobei die Bahnen in der Mitte einfach nur horizontal zusammengenäht wurden, und zwar ohne daß versucht wurde, die Liekkanten anders zu formen. Dieser frühe Vertikal-Schnitt erhielt seine Form durch Überlappung der Mittelnaht, an der die beiden Hälften zusammengefügt wurden. Dabei entstanden jedoch weder horizontal noch vertikal glatte Kurven. Die Wölbung war besonders tief entlang der senkrechten Mittelnaht, verhältnismäßig am tiefsten im Kopfbereich.

Wichtiger war jedoch, daß der Schrägschnitt sowohl bei dieser frühen Version wie bei späteren, ausgeklügel-

Bei einem Spinnaker in Horizontalschnitt geht Diagonalreck von allen drei Ecken aus; ebenfalls ist er an der Mittelnaht im Kopfbereich vorhanden. Nur an den Kanten verläuft der Fadenverlauf parallel.

ren Entwicklungen eine ungünstige Situation für unsere alten Freunde Kette und Schuß ergab.

Reck entstand dadurch, daß vom Mittelteil des Spinnakers aus Kräfte auf die drei Ecken, an denen er angeschlagen ist, nämlich Kopf, Hals und Schothorn, ausgehen. Bei einem an der Mittelnaht schräg geschnittenen Spinnaker verlaufen die zu Hals und Schothorn weisenden Kräfte diagonal zum Tuch. Im Kopfbereich waren die Bahnen an der Mittelnaht selbst diagonal geschnitten, so daß auch der zum Kopf hinweisende Zug diagonal zum Tuch verläuft. Der Reckwiderstand mußte besonders im Kopfbereich des Segels sehr viel geringer sein als an den Liekkanten, die ja beim Vertikalschnitt parallel zu den Kettgarnen, beim späteren Horizontalschnitt parallel zu den Schußgarnen verliefen. Vor dem Wind führte diese Verzerrung bei auffrischendem Wind einfach nur zu einem volleren Segelquerschnitt. Im Bereich der unteren Befestigungspunkte kippten die Kanten nach innen auf das Zentrum des Segels zu, was die unteren Querschnitte zusätzlich voller machte. Das war gut so. Im Kopfbereich zogen die wenig nachgebenden Schußgarne die Liekkanten zusammen, wobei sich das Verhältnis von Wölbungstiefe zu Sehnenlänge übermäßig erhöhte. Das war nicht ideal, doch auf Vorwindkurs konnte man damit leben.

Auf raum-seitlichem Kurs, auf dem der scheinbare Wind merklich stärker wird, war es natürlich ganz etwas anderes. Das wirkliche Problem lag dann weit oben im Segel, wo der enge Segelquerschnitt das Abreißen der Strömung, damit aber auch den Widerstand und das Krängungsmoment vergrößerte. Die Wölbung im Unterlieksbereich konnte noch in einem gewissen Maße durch die Schotspannung vermindert werden, doch auf den oberen Teil des Segels hatte das wenig oder gar keinen Einfluß. Für halben Wind war dieser Schnitt unpraktisch.

Radialkopf-Spinnaker

Diese Überlegungen um das Verhalten auf raum-seitlichem Kurs führten zur Entwicklung des Radialkopf-Spinnakers. Um der Verzerrung im oberen Teil des Segels entgegenzuwirken, traten an die Stelle der schräggeschnittenen Bahnen eine Reihe sternförmig bzw. radial vom Kopf nach unten ver-

Die Windsprite von Bruce Banks zeigt den perfekten Stand eines Radialkopf-Spinnakers.

laufender Bahnen, die sich allmählich verbreiterten. Diese radialen Bahnen waren parallel zu den Kettgarnen geschnitten, wodurch im oberen Bereich des Segels eine größere Stabilität erreicht wurde.

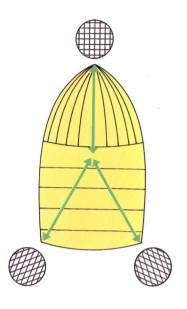
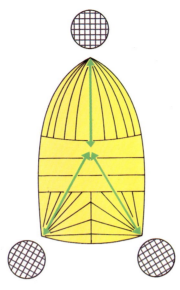

Der Radialkopf-Spinnaker (oben links) löste das kritische Formproblem im Kopfbereich, indem er die Bahnen und mit ihnen die Kettgarne (rot) fächerartig vom Kopf ausgehen ließ. Im Tri-Radial-Spinnaker (rechts) ist diese Idee weiterentwickelt worden, wobei „Fächer" jetzt auch von den unteren Segelecken ins Segel hineinstrahlen.

Auf raum-seitlichem Kurs steht der Radialkopf-Spinnaker zu voll, am Leeliek kann die Luftströmung nicht richtig ablaufen.

Interessanterweise ist das für Spinnaker verwendete Nylon immer kettorientiert. Das heißt, daß sich die Kettgarne weniger recken als die Schußgarne in Querrichtung des Tuchs; das ist das genaue Gegenteil zu den üblichen Kunststofftuchen der restlichen Besegelung. Zugleich bedeutet dies eine Einschränkung beim Weben von Nylon, die anscheinend nicht überwunden werden kann.

Der radial geschnittene Kopf verbesserte die Halbwind-Eigenschaften des Spinnakers ein wenig, erwies sich aber auch auf Vorwindkurs als günstiger. Dies macht das rechte der beiden Fotos auf diesen Seiten deutlich. Am Kopf hat sich das Segel zu einer schönen, glatten Kurve gehoben, die sich von der Horizontalen bis hinunter zur Vertikalen auf halber Höhe entwickelt. Die untere, waagerecht geschnittene Hälfte des Segels ist dagegen ein wenig eingefallen. Die konvexe Kurve des Unterlieks hat sich in den Körper des Segels nach oben verlagert, und das Leeliek ist konkav geworden. Der Körper des Segels ist aufgeblüht, könnte man sagen.

Zwar war der Radialkopf auf raumseitlichen Kursen also eine Verbesserung, doch stellte er nur den ersten Schritt in der weiteren Entwicklung dar. Bei zunehmendem Wind konnte man auf diesem Kurs über die unteren Ecken des Segels den Bauch in keiner Weise kontrollieren.

Starcut

Mitte der 60er Jahre fand Bruce Banks in seiner Segelmacherei an der Südküste Englands eine Antwort auf dieses Problem, und er gab damit nicht nur den Seglern den Halbwind-Spinnaker, nach dem sie schon lange verlangt hatten, sondern wies auch allen Segelmachern in der Welt den Weg.

Einfach gesagt, dehnte er das Radial-Prinzip auf alle drei Ecken des Segels aus: Indem sein Segel-Designer Ken Rose die Bahnen von den drei Ecken aus fächerartig zur Mitte des Segels verlaufen ließ, war er zum erstenmal in der Lage, den gesamten Spinnaker unter Kontrolle zu halten. Jede Bahn war so geschnitten, daß sie aus der Widerstandsfähigkeit der Kettgarne einen Vorteil zog. Darüber hinaus wurde der Schnitt jeder einzelnen Bahn auch von der sphärischen Form des Segels bestimmt, was für jedes Segel überaus komplizierte Berechnungen nötig machte.

Die Querschnitte im gesamten Bereich dieser flachgeschnittenen Halbwind-Spinnaker konnten dadurch kontrolliert werden, daß man einfach mit der Schotspannung den Abstand zwischen Hals und Schothorn veränderte. Die Lage der größten Wölbungstiefe konnte damit ebenso leicht verändert

Das auffällige rot-weiße Design unterstreicht noch die tri-radiale Führung der Bahnen.

werden wie bei einem Vorsegel, indem man nämlich die Höhe des Spinnakerbaums verstellte, so wie man bei einem konventionellen Vorsegel mit der Fallspannung die Wölbung verstellt.

Dieser Schnitt setzte sich so schnell durch, daß der damalige Kapitän des britischen Admiral's-Cup-Teams schon ein Jahr nach dem Erscheinen des ersten Starcut 1967 verlangte, daß jeder Skipper für den anstehenden Wettbewerb wenigstens ein solches Segel anzuschaffen habe.

Tri-Radial

Mit dem Starcut war in gewissem Sinne die Suche nach Kompromissen im Spinnakerentwurf vorbei. Um mithalten zu können, brauchte jedes Boot jetzt wenigstens zwei Spinnaker, einen Radialkopf für Vorwindkurse und einen Starcut für Halbwindkurse. Die zusätzlichen Kosten und die zusätzliche Arbeit beim Segelwechseln sprachen jedoch gegen dieses Konzept.

Die Kosten verhinderten auch jede wirkliche Anstrengung, aus der Starcut-Idee einen Allzweck-Spinnaker zu entwickeln. Die komplizierte Geometrie der Bahnen war für jene Zeit sogar mit dem bei Bruce Banks entwickelten Computerprogramm teuer genug. Andere Segelmacher, die noch nicht soweit waren und den Entwurf bei jedem einzelnen Segel auf dem Schnürboden neu definieren mußten, konnten gar nicht auf die Idee einer Weiterentwicklung kommen. Interessanterweise gibt es rund 20 Jahre später Anzeichen dafür, daß die Entwicklung eines Allround-Spinnakers mit einem sehr ähnlichen Konzept vor der Tür steht, doch damals vertraute man eher einem ökonomisch und praktisch zu realisierenden Kompromiß. Das Ergebnis war der Tri-Radial-Spinnaker.

Am Kopf wird die so wichtige sphärische Form durch eine Reihe radialer Bahnen erzeugt. Das Verziehen der vorgegebenen Form wird auf ein Mindestmaß reduziert, da die Kräfte im Spinnaker und entlang jeder Liekkante der Richtung der Kettfäden in jeder einzelnen Bahn folgen.

Die radialen Bahnen in den unteren Ecken reduzieren ebenfalls die von Schothorn und Hals ausgehenden Zugkräfte, obgleich hier das Ziel ist, vertikal flachere Querschnitte zu erhalten. Frühe radiale Ecken bestanden aus genau parallel geschnittenen

Der computerunterstützte Segelentwurf hat den Blick des Segelmachers erneut auf diesen mittleren Teil des Segels gelenkt, und dabei scheint der Weg wiederum zu radial geformten Bahnen im gesamten Segel zu führen. Ein anderer Weg scheint dahin zu weisen, das kettorientierte Nylon vertikal versetzt entlang der vom radialen Kopfteil und den radialen Ecken verlaufenden Kraftlinien zu verlegen; dann besteht der Mittelteil aus einer Reihe rechteckig geschnittener Bahnen. In einer weiteren Entwicklung schließlich wird versucht, die Kettgarne dieser mittleren Bahnen noch genauer nach den von den Ecken ausgehenden Kraftlinien auszulegen. Leider versteht sich von selbst, daß alle diese Entwicklungen von der Börse des Seglers eine immer größere „Wölbungstiefe" verlangen und erhebliche finanzielle Voraussetzungen haben.

Die horizontalen Bahnen im Mittelteil dieses Tri-Radial-Spinnakers sind vertikal versetzt worden, damit die Kettgarne besser in Linie mit den radialen Bahnen an den drei Ecken des Segels verlaufen. Foto: Barry Pickthall

Starke Schotspannung hat zu tiefen Falten an den Schothörnern dieser beiden Spinnaker geführt. Durch die Verengung der Sehne entsteht im unteren Drittel der Segel eine Art Düse, in der die auf der Luvseite nach unten strömende Luft beschleunigt wird.

Bahnen, und auch heute sieht man das noch gelegentlich. Die Kräfte strahlen zwar von Hals und Schothorn aus fächerartig ins Segel hinein, doch sind sie in der Mittellinie jeder Ecke am stärksten, wobei sich harte Kanten bilden, die sich zur Mitte des Segels hin noch verstärken. Bei besseren Tri-Radial-Spinnakern von heute sind deshalb die Bahnen an jeder Ecke so geformt, daß sie die Kräfte gleichmäßiger verteilen.

In der Mitte des Segels verlaufen die Bahnen waagerecht, was für die Entfaltung des Segels günstig ist. Die von den Ecken ausgehenden Kräfte haben sich größtenteils verteilt, bevor sie die Mitte des Segels erreichen, und so wirken die relativ instabilen waagerechten Bahnen als eine Art Puffer zwischen den stabileren Ecken des Segels. Ein gewisses Maß an Diagonalreck in der Mitte ist außerdem hilfreich für die Rundung der Luvkante und erhöht damit die Stabilität des gesamten Segels.

Die Bahnen aus Spinnaker-Nylon werden mit einem erhitzten Rollmesser zugeschnitten, das die Tuchkanten schmilzt und zugleich versiegelt.

Spinnaker-Herstellung

Die ersten Stufen der Spinnaker-Herstellung sind ziemlich anders als bei Schratsegeln. Die sphärische Form läßt sich unmöglich auf dem Schnürboden aufreißen, so daß sich ihr der Designer mit einer mehr mathematischen Methode nähern muß. Von den grundlegenden Dimensionen von Höhe und waagerechtem mittlerem Gurtmaß ausgehend, können nach den jeweils zeitgemäßen Formeln Anzahl, Form und Größe der einzelnen Bahnen sowohl bei horizontalem wie bei radialem Schnitt berechnet werden. In den meisten Fällen werden die Bahnen in jedem der vier Abschnitte, Kopf, Mittelteil und den beiden unteren Ecken, identisch sein, obgleich einige der radialen Bahnen zur Liekkante des Spinnakers hin anders sein mögen. Die Bahnen für unsymmetrische Leespinnaker werden häufiger nach Rissen auf dem Schnürboden zugeschnitten, wobei freilich alle radialen Abschnitte wie oben berechnet werden müssen.

Die Spinnaker-Bahnen werden in Lagen bis zu sechs übereinander mit einem heißen Messer zugeschnitten. Dies ist ein erhitztes Rad mit einer scharfen Kante, das beim Abrollen über das Nylon die Tuchkanten in einem einzigen Arbeitsgang schmilzt und versiegelt. Dann werden die Bahnen in jedem der vier Abschnitte zusammengenäht.

Von diesem Punkt an folgen Zusammenstellung und Formgebung eher den konventionellen Segelmachertechniken. Die Kanten, an denen die Abschnitte zusammentreffen, sind besonders wichtig für die endgültige Form des Segels. Jede Verbindungskante muß überlappend vernäht werden dazu werden die Abschnitte auf dem Boden ausgelegt und nach den vorberechneten Kurven zugeschnitten.

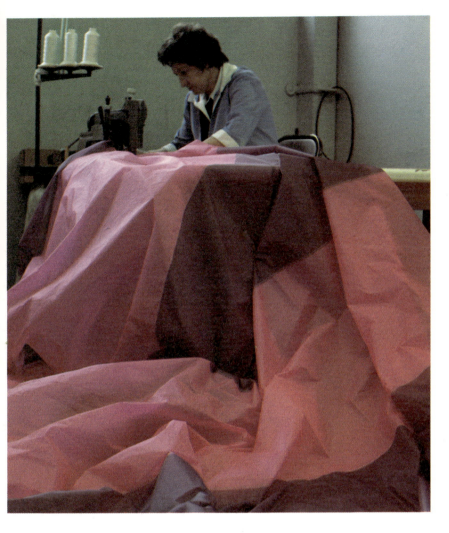

sein, um den die Kurve geformt wird. Der Rest richtet sich nach den individuellen Erfahrungen des Segelmachers; er wird danach trachten, die Segelfläche zu vergrößern, ohne die Stabilität der Liekkanten zu vernachlässigen.

An jeder Ecke werden jetzt Verstärkungen angebracht, die die Zuglast auf die radialen Bahnen verteilen sollen, und schließlich die Liekverstärkungen. Wie bei den Verdopplungen am Achterliek eines Schratsegels kommt es auch hierbei auf die relativen Spannungen von Segel und Liekband an. Wird das Liekband zu stark gespannt, werden die Lieken einknikken. Zuwenig Spannung des Liekbands wird aber andererseits beim Luvliek, dessen Stabilität in der Luft vor allem vom Liekband abhängt, dazu führen, daß man es kaum richtig zum Stehen bekommt.

Die Verstärkungen an den Ecken werden manchmal vor dem Annähen mit einer Klebepistole aufgeklebt. ▼

Das Vernähen eines größeren Spinnakers ist eine langwierige Arbeit.

Sind die vier Abschnitte zusammengefügt, muß das Segel zum Zuschneiden der vertikalen Kanten bzw. von Vor- und Achterliek beim Leespinnaker wieder auf den Schnürboden zurück. In beiden Fällen geschieht dies genauso wie bei einem Schratsegel, indem man lange Straklatten um in den Boden gestreckte Pricker biegt. Da die Größe der Spinnaker fast immer durch Vermessungsregeln bestimmt wird, die das mittlere Gurtmaß beschränken, wird dies der Drehpunkt

Spinnaker-Trimm

Über den Spinnaker-Trimm könnte man ein eigenes Buch füllen*. Sogar das Grundlegende, auf dem die feineren Techniken aufbauen, wird oft nicht richtig verstanden. Sie basieren auf dem einfachen Gedanken, daß ein Spinnaker, auch wenn er ganz anders aussieht, genau wie ein übliches Vorsegel reagiert und demnach auch genauso kontrolliert werden muß.

Zunächst einmal muß das Luvliek – vor dem Wind wie mit halbem Wind – der Windströmung im richtigen Anstellwinkel präsentiert werden. Ist dieser zu groß, wird die Strömung hinter der Anschnittkante abreißen und eine Blase bilden; ist er zu klein, bleibt die Strömung (und damit auch der Druck) auf beiden Seiten gleich, was zum Einfallen der Anschnittkante führt. Es gibt allerdings zwei Unterschiede zwischen dem Luvliek eines Spinnakers und dem Vorliek eines Vorsegels. Zum einen muß das Spinnaker-Luvliek alleine stehen, nicht unterstützt durch ein Vorstag. Zum zweiten kann es im Verhältnis zum Boot verstellt werden.

Stehen Baumnock und Hals quer zum Wind, wird der Anstellwinkel der Luvkante eine Funktion der Schot genau wie bei jedem anderen Vorsegel. Doch während am Wind und auch noch bei halbem Wind Windfäden die richtige horizontale Strömung anzeigen können, haben sie auf Vorwindkurs leider keine Funktion.

Der einzige Hinweis darauf, daß der Anstellwinkel zu eng ist, ist das Einfallen des Luvlieks. Es rollt sich ein oder faltet sich um sich selbst. Der richtige Winkel muß deshalb kurz vor diesem Punkt sein. Ist das Spinnaker-Luvliek nicht auf den Punkt getrimmt, an dem das Einrollen regelmäßig sichtbar wird, wird ein allzu großer Teil der vom Segel erzeugten Gesamtkraft seitwärts zur Fahrtrichtung gerichtet sein. Auch in der vertikalen Ebene kontrolliert die Schot den relativen Anstellwinkel in der Höhe des Vorlieks. Liegt der Schot-Holepunkt zu weit vorne, wird der gesamte Spinnaker am Kopf schräg nach achtern gezogen, und dann fällt die Anschnittkante ein. Liegt er aber zu weit achtern, geschieht das Umgekehrte. Die Wölbung im oberen Luvliek vertieft sich; der Anstellwinkel wird stark verkleinert, und das Segel rollt sich ein. Der große Unterschied ist natürlich, daß der Hals des Spinnakers über das Verstellen des Spinnakerbaums auch höher oder niedriger stehen kann, was wiederum eine ähnliche Wirkung auf die Ablaufkante des Leelieks hat.

Vor dem Wind wird die Höhe von Hals/Spinnakerbaum-Nock dazu benutzt, das Verziehen des Segels durch die Schot auszugleichen und zugleich das Segel in seine optimale Höhe zum herrschenden Wind steigen zu lassen. Rollt sich das Luvliek zuerst im Kopfbereich, wird der Spinnakerbaum höher gesetzt, fällt zuerst das untere Luvliek ein, tiefer. Ein moderner Tri-Radial-Spinnaker sollte sich zuerst dicht oberhalb der horizontalen Bahnen einrollen. Diese Methode ist zur Beurteilung der richtigen Höhe des Spinnakerbaums weit besser geeignet als die alte Weisheit, daß Hals und Schothorn immer auf gleicher Höhe zu halten seien. Allzu oft wird dies durch den Schotzug verhindert, der das Schothorn nach unten zieht.

---

* Vgl. John Oakeley: „Das ist Raumwind-Segeln", und R. R. King: „Spinnaker", beide Verlag Delius Klasing & Co, Bielefeld 1982.

 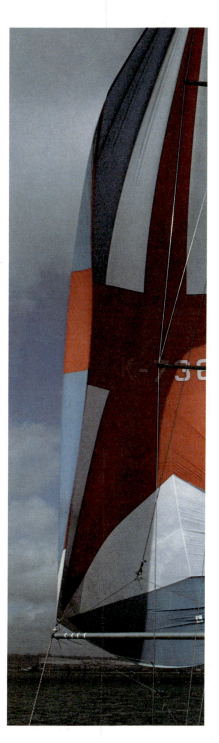

Vor dem Wind hat die nach unten gerichtete Komponente des Schotzugs genau die gleiche Wirkung auf das obere Leeliek wie bei einem Vorsegel. Ist sie zu stark, wird das Leeliek nach innen gezogen, was das Verhältnis von Wölbungstiefe zu Sehnenlänge vergrößert. Bei einem Spinnaker geschieht spiegelgleich dasselbe am Luvliek, wenn man den Baum nach unten versetzt. Beide obere Kanten des Segels werden so näher zueinander gebracht, so daß sich die Sehnenlänge verkürzt. Wie wir gesehen haben, ist es auf Vorwindkurs das Ziel, dem achterlichen Wind eine so breite Segelfläche wie möglich entgegenzuhalten. Reduziert man die nach unten gerichtete Komponente des Schotzugs, indem man den Holepunkt nach achtern verlegt, und gleicht diese mit der Höhe des Spinnakerbaums aus, so kann sich das Segel oben so weit entfalten, daß es optimalen Vortrieb gibt. Wenn umgekehrt der Wind zunimmt und die Kraftentfaltung gedrosselt werden soll, wird das Segel oben verengt, indem man den Schotholepunkt nach vorne verlagert und den Baum tiefer setzt.

Nach der groben Erfahrungsregel soll der Spinnakerbaum vor dem Wind un-

Links außen steht die Spinnakerbaum-Nock im Verhältnis zum Schothorn relativ tief, und das Luvliek fällt im Kopfbereich ein. In der Mitte sind Baumnock und Hals angehoben, und jetzt fällt das Luvliek ungefähr auf mittlerer Höhe ein. Auf dem rechten Foto ist die Baumnock zu hoch angehoben, wobei sich das Unterteil des Luvlieks zuerst einrollt.

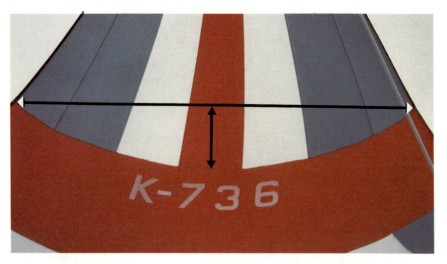

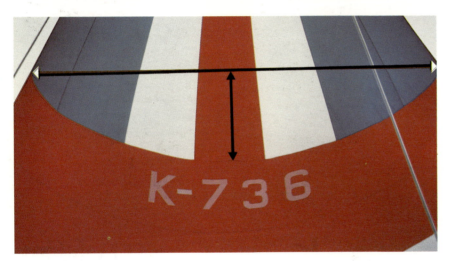

Trimm auf Halbwindkurs

Bei halbem Wind gleicht der Spinnaker eher einem sehr vollen Vorsegel, da die Luft nun horizontal über seine Oberflächen strömt. Windfäden am Luvliek im Bereich der horizontalen Bahnen zeigen recht gut die Schotspannung an, obgleich die meisten Segler sich lieber an das Einrollen des Luvlieks als Indikator des richtigen Schotzugs halten.

Die Lage der größten Wölbungstiefe beginnt jetzt eine wichtige Rolle zu spielen. Hier gilt wieder prinzipiell das gleiche wie beim konventionellen Vorsegel. Setzt man den Spinnakerbaum tiefer, verlängert sich der Abstand zwischen Kopf und Hals des Segels. Die größte Wölbungstiefe verlagert sich nach vorne, und das Leeliek flacht sich ab, so daß die Strömung auf der Luv- und auf der Leeseite des Segels glatt abfließen kann. Zu wenig relative Spannung am Luvliek ergibt eine feine Anschnittkante und seitlichen Zug im Leeliek — genau das, was man in dieser Lage eigentlich nicht gebrauchen kann. Doch bei zuviel Spannung am Luvliek wird sich

Steht der Spinnakerbaum hoch und der Schotholepunkt achtern, öffnen sich die Schultern des Spinnakers (oben). Man vergleiche das Verhältnis von Wölbungstiefe zu Sehnenlänge mit dem unteren Foto, bei dem die Baumnock tiefer steht und der Holepunkt nach vorne verlagert ist.

gefähr in einem Winkel von 90 Grad zum scheinbaren Wind stehen. Doch bei gut achterlichem Wind wird diese Stellung des Spinnakerbaums die Sehne im unteren Teil des Segels vergrößern. Dabei wird dann nicht nur dieser Bereich des Segels abgeflacht, sondern auch der Anstellwinkel des unteren Luvlieks wird stark vergrößert, und damit gerät der gesamte Spinnaker dichter an die abreißende Luftströmung hinter dem Großsegel. Darum sollte man hier den Spinnakerbaum ein wenig nach vorne schwingen lassen, bis die Wölbung im gesamten Segel gleich ist.

Eine gute Richtschnur ist auch, die vertikale Mittelnaht des Spinnakers parallel zum Mast zu halten. Verlagert sich die Mittelnaht oben nach Lee, läßt man den Baum leicht nach vorne schwingen und umgekehrt.

Auf raum-seitlichem Kurs wird die größte Wölbungstiefe etwa auf halber Sehnenlänge bleiben (oben), wenn der Spinnakerbaum nicht im Verhältnis zum Schothorn tiefer gesetzt wird (unten); jetzt liegt die Wölbung weiter vorne, und das Leeliek hat sich geöffnet.

des Falls zur Mittschiffslinie im Masttopp ist ein untrüglicher Indikator für die Richtung der vom Spinnaker erzeugten Gesamtkraft.

Es ist erstaunlich, welche deutliche Wirkung ein leichtes Fieren der Schot oder ein leichtes Anholen des Achterholers darauf hat, um wieviel Grad das Fall nach vorne schwingt. Wird der Winkel jedoch größer als 45 Grad zur Fahrtrichtung, so wird es Zeit, den Spinnaker durch ein Vorsegel zu ersetzen.

Der Tourenspinnaker oder Blister

Spinnaker haben eine merkwürdige Resonanz in der Öffentlichkeit. Sie werden fast ausschließlich mit dem Regattasegeln assoziiert, was den Fahrtensegler eigentlich nur abschrecken kann, zumal einige der besten Fotos sie zeigen, wenn etwas schief gegangen ist; das Boot ist außer Kontrolle, liegt auf dem Ohr, und einige hundert Quadratmeter Nylon zerreißen zu Fetzen.

Leider ist das beim Regattasegeln üblich geworden. Der Spinnaker wird über sein Maß beansprucht und schlägt zurück. Der Spinnaker fürs Fahrtensegeln andererseits, bei uns besser unter dem Markennamen Blister bekannt, ist ein Vorbild an Tugendhaftigkeit. Sein einziger Zweck ist das Vorwindsegeln in leichten oder mäßigen Winden. Bei nur etwas stärkerem Wind erfüllt das Großsegel ohne Blisterunterstützung den gleichen Zweck. Bruce Banks hat zeit seines Lebens oft genug darauf hingewie-

bei einem Radialkopf-Spinnaker das obere Leeliek schließen. Das bedeutet aber, daß auf Halbwindkurs die Höhe des Baumes sehr fein eingestellt werden muß.

Je höher das Boot an den Wind geht, um so wichtiger wird die Beobachtung eines letzten Indikators: Der Winkel

Der Winkel zwischen Spinnakerfall und Vorstag bzw. Windanzeiger im Masttopp (links) zeigt an, daß die meiste Kraft des Segels seitwärts gerichtet ist. Fiert man die Schot um einen halben bis einen Meter, so zeigen Fall (und Segel) auf diesem Halbtonner jetzt schon eher in Fahrtrichtung.

Der Fahrtenspinnaker ausgefeilter Konstruktion (oben), dessen Hals am Vorsteven angeschlagen ist, steht recht gut. Bei näherem Hinsehen (rechts) zeigt sich, daß das Großsegel stark gerefft ist, damit das Vorsegel den achterlichen Wind ungestört einfangen kann.

sen, daß viele Segler den besten Teil des Segelns gar nicht zu genießen wüßten: das Segeln vor dem Wind bei glatter See und achterlicher Brise; allzu oft verleiten die geringe Fahrt und das Schlagen des Großsegels dazu, auf diesem Kurs frühzeitig den Motor anzuwerfen.

Wie dem auch sei, das Verlangen nach einem leicht zu handhabenden, leichten und dennoch wirksamen Vorwindsegel führte zu einem weiteren Kompromiß, eben dem Tourenspinnaker oder Blister. Die ursprüngliche Idee, ein Segel zu entwerfen, das aussieht wie ein Spinnaker, aber zu bedienen ist wie ein Vorsegel, erfüllte ihr Versprechen jedoch nicht ganz.

Tatsächlich ist der Blister wenig anderes als eine übergroße, besonders leichte, überlappende Genua. Mit seinem langen Vorliek, manchmal noch durch einen Halsstropp verlängert, kann dieses Segel fliegend, also frei vom Vorstag, gesetzt werden. Da es jedoch in Lee des Großsegels steht und der Schotwinkel kaum eingestellt werden kann, leidet es unter den gleichen Problemen wie jedes andere Vorsegel auf raum-achterlichen Kursen.

Der asymmetrische Schnitt stammt von dem Versuch, das Achterliek zu versteifen, dem Segel mehr Völligkeit zu geben und dabei zugleich auch noch das Schothorn höher zu schneiden. Theoretisch ist beides hilfreich dabei, das Segel sich vor dem Großsegel entfalten zu lassen. Doch in der Praxis wird durch den Windschatten des Großsegels ständiger Schottrimm nötig, was das Ziel der Übung in gewisser Weise zunichte macht.

Soll der Blister wirklich gut ziehen, so muß der Hals in die ungestörte Luftströmung in Luv des Großsegels ausgestellt werden. Dazu aber wird wiederum ein Baum nötig und zugleich das meiste andere Gerät, das den Spinnaker so arbeitsintensiv macht.

So gewinnt das Argument für einen Spinnaker wiederum Gewicht. Wird die gleiche Ausrüstung benötigt, kann man auch gleich den wirksameren Spinnaker nehmen. Er ist ebenso leicht (oder schwer) zu setzen und, was noch wichtiger ist, niederzuholen; und weil er symmetrisch geschnitten ist, läßt er sich beim Halsen leichter schiften. Auch ein mit dem Hals am

Bug angeschlagener Blister kann gehalst werden; doch wenn sein Hals an einem Baum nach Luv ausgestellt ist, muß er erst niedergeholt und dann auf der anderen Seite des Boots neu gesetzt werden.

Spinnaker-Schlauch

Eine Idee hat mehr als alles andere dazu beigetragen, sowohl Spinnaker wie Blister für den meist schwach bemannten Fahrtensegler zu zähmen. Der Spinnaker-Schlauch ist ein Nylontubus von der Länge des Vorlieks mit einem glockenförmigen Mundstück aus Kunststoff an einem Ende, das tatsächlich das Segel vom Kopf her schluckt und es zahmer macht, je weiter es nach unten kommt.

Das Segel wird bereits im Schlauch gesetzt. Schot und Achterholer werden an den beiden Schothörnern angeschlagen; dann wird die Glocke an ihrer eigenen Holeleine nach oben gezogen, wobei der Spinnaker allmählich freikommt. Vor dem Niederholen wird entweder Schot oder Achterholer gefiert und gleichzeitig die Glocke an der Holeleine nach unten über den Spinnaker gezogen, bis das ganze Segel im Schlauch verschwunden ist.

Dies zusammen mit dem Gedanken, daß Heißen und Bergen des Spinnakers schließlich unter optimalen Bedingungen vor sich gehen, können für den Fahrtensegler vielleicht Argumente sein, sich für dieses Segel zu entscheiden.

Neunzig Prozent der Probleme der Spinnakerbedienung auf Regattabooten entstehen deshalb, weil das Segel geheißt und niedergeholt werden muß, wenn der Verlauf der Regatta es diktiert und nicht der freie Wille des Seglers. Der Fahrtensegler kann sich seine Zeit selbst einteilen und das Segel setzen, wenn der Wind bereits gut achterlich ist und das Segel beim Setzen im Windschatten des Großsegels steht. Und er braucht es schließlich auch nicht einen Augenblick länger, als die Vorsicht gebietet, oben zu lassen.

Ein Spinnakerschlauch in Aktion (von links nach rechts): Je weiter er niedergeholt wird, um so leichter zu handhaben ist der Spinnaker. Foto: Margherita Bottini/North Sails Inc.

Big Boy und Blooper

Der Big Boy, Shooter oder Blooper, in Deutschland auch Leespinnaker genannt, der zuerst Anfang der 70er Jahre auftauchte, verdankt seinen Ursprung dem Wunsch der Regattasegler nach zusätzlicher Segelfläche vor dem Wind. Zunächst wurde ein einfaches Kunststoff-Vorsegel mit einem Halsstropp am Bug angeschlagen und weit in Lee von Spinnaker und Großsegel gesetzt, indem das Fall nur halb durchgesetzt wurde.

Bald folgten Nylonkonstruktionen mit unterschiedlichen Schnitten, die das Segel sowohl nach außen treiben wie nach oben steigen ließen. Das Fall steht am Masttopp so weit ab, daß der Big Boy tatsächlich nur durch die von seiner fliegenden Form selbst erzeugte, seitwärts gerichtete Kraft, die das Fall nach Lee zieht, daran gehindert wird, ins Wasser zu fallen.

Am Anfang wurde er als „unseemännisch" verschrien; doch haben ihn genau seine seemännischen Eigenschaften bis heute am Leben erhalten.

Wird ein Spinnaker bei schwererem Wetter auf Vorwindkurs gesetzt, so erzeugt er leicht Rollen. Ohne Korrekturen, wozu man eine feste Hand an der Pinne braucht, baut sich das Rollen immer mehr auf; die Rollbewegungen werden weiter und schneller, bis das Boot schließlich kentert. Ein Nebenprodukt des Big Boy ist, daß ein zusätzlicher Stabilitätsfaktor für das Boot entsteht, ähnlich wie beim Ausleger einer Proa. Die Rolltendenz wird wesentlich reduziert.

Man muß jedoch klar verstehen, wie der Big Boy arbeitet und dementsprechend gesetzt werden muß. Er ist dafür entworfen, die Segelfläche des Spinnakers über die Abschattung durch das Großsegel hinaus in die ungestörte Luftströmung in Lee zu vergrößern. Die Luftströmung trifft dabei zuerst auf sein Achterliek und muß so geleitet werden, daß sie durch die Lücke zwischen seinem Vorliek und dem Leeliek des Spinnakers abfließt, wenn das Vorliek dieses Hilfssegels weit genug vorne steht. Dafür müssen sowohl Fall wie Schot weit gefiert werden.

Geschieht das nicht, kann das Segel mehr schaden als nützlich sein. Es sieht dann vielleicht noch kraftvoll aus; doch die Strömung vom Achterliek zum Vorliek wird dann in die langsam strömende Luft hohen Drucks auf der Luvseite des Spinnakers gelenkt und verringert damit dessen Wirkung.

Das Geheimnis des Big Boy liegt darin, daß Fall und Schot weit gefiert sind, so daß er von der gestörten Luftströmung des Großsegels nicht beeinflußt werden kann. Fotos: Dave Blunden

Register

Abdecken des Vorsegels 83 f., 87, 137
Ablaufkante 61, 72, 126, 150
Abreißen
– der Luftströmung 18, 131, 152
– auf Halbwindkurs 81, 87
– am Vorliek 94
– am Spinnaker 138 ff.
Abschattung 74, 81, 156
Abwind 25, 74, 80
Achterholer 153, 155
Achterliek 61
– Kontrolle 62
– Rundung 72
– Spannung 82
– Einrollen 96
– Trimm 126 f.
Achterliekspanner 85
Achterliekstrecker 68 f., 76
Achterstag 104, 109, 111, 116, 121, 131
Aerodynamik
– Theorie 9ff.
– aerodynamische Gesamtkraft 11
– aerodynamische Form 46
– Forschung 70
– bei raumen Winden 82
– am Großsegel 61
– am Vorsegel 88 f.
– Vor- und Großsegel zusammen 126
– bei Stagreitern und Profilstag 92 f.
– Deckabschluß des Vorsegels 96
– des Spinnakers 138 f.
Acryl-Tuch 106
Allzweck-Spinnaker 140, 146
America's Cup 14, 46 f., 71
Anliegende Strömung 19
Anschnittkante 46, 87, 129, 133, 150
Anschnittwinkel 131 f.
Anstellwinkel 20 f., 46, 88, 99, 131
– und Verwindung 74
– auf Halbwindkurs 80 f.
– beim Spinnaker 138, 150
Aufmaßtabelle 52
Aufrichtendes Moment 11, 76, 80
Auftrieb
– schematische Darstellung 10
– Teilvakuum 10
– Experiment mit dem Löffel 10
– Experiment mit dem Wassertropfen 17
– bei rundem Eingang 46
– und Verwindung 74
– vor dem Wind 84
– und Widerstand 126
– beim Spinnaker 138 f.
Aufwind
– am Vorliek 25
– auf Halbwindkurs 80
– am Vorsegel 88
Ausbaumen 137
Auslegen der Tuchbahnen 53

Babystag 107, 115 f.
Backschlagen 25, 81, 134

Backstag 109, 116, 131
Backstagstrecker 112, 114
Bahn
– Tuchbahn 53, 90
– schmale Bahnen 37
– beim Spinnaker 148
Balance zwischen Takelage und Kiel 11, 125
Banks, Bruce 7, 9, 144, 145, 153
Baumniederhalter 81 f.
Begrenzungsmarkierungen am Baum 68
Bernoullisches Gesetz 10, 17
Bertrand, John 48
Beschichtung 38 f., 141
Beschleunigung der Luftströmung 19
Biegung des Masts 109 ff.
Big Boy 156
Binnenstag 115
Blister 153
Blooper 156

Computer
– Problematik 15
– im Segelmacherhandwerk 29, 46ff., 51, 52, 53, 147
– C.-Schnitt 55
– C.-Aufmaßtabelle 57
– beim Spinnaker-Entwurf 142
Cunningham-Stropp 71f., 101, 119, 123, 135

Dacron-Gewebe
– für Diagonalschnitt 30
– nach Hitzebehandlung 33
– mit getempertem Finish 38
– als Substrat für Laminate 42
– für ein hochgeschnittenes Großsegel 62
Deckskante
– abgerundete 98
– Messung 110
Dehnungsfähigkeit des Garns 45
Dehnungsfaktor 32
Diagonalreck 32, 37, 40, 42, 90, 91, 141, 147
– Notwendigkeit 65 f.
Diagonalschnitt 35, 38, 90, 106
Draht für Takelage 117
Drahtliek 36, 104
Drahtstropp am Vorsegel 122
Dreidimensionale Form 45, 51, 75
Druckunterschied 46, 81, 97
Druckwiderstand am Segel 22 f., 87, 137
Düse 65 f.
– falsche Düsentheorie 26
– optimale Breite 65
– und Verwindung des Großsegels 75
– beim Trimm der Segel 133 f.
Durchhängen
– des Vorsegel-Vorlieks 51, 92, 131
– des Vorstags 104, 116 ff.

Einfallen
– der Segelkanten 34
– der Kraftlinien 49, 61
– des Großsegels 65

– auf Halbwindkurs 80
– des Unterlieks 90
– des Achterlieks 96
– des Vorlieks 134
– des Spinnaker-Luvlieks 150, 152
Einknicken des Achterlieks 50, 59
Eins-in-sechzig-Regel 110
Elliptische Achterliekskurve 72
Elliptischer Querschnitt des Spinnakers 143

Fall
– des Vorsegels 93, 122 f.
– des Großsegels 110, 123 f.
– Eichen 121 ff.
– des Spinnakers 153
Fall des Masts 111 ff.
Falten im Großsegel 119, 155
Flecken als Schamfilschutz 121
Fliegende Form 29, 38, 45, 46, 48, 51, 58, 109, 142
Füllmaterialien 37
Fußbrett 70

Gegenruder 120, 126, 129
Genua 45, 62, 87, 137
Gesamtkraft 11, 80, 87, 88, 126, 131
Getempertes Tuch 52, 98
Grenzschicht 18 ff.
– Reibungswiderstand 23
– G.-Effekt der Erdoberfläche 74
Großschot 61, 67, 70, 81, 129
Großschot-Traveller 81, 129
Großsegel 61 ff.
– Zusammenwirken mit Vorsegel 25f., 61, 126
– flache Wölbung 45
– als Allround-Segel 61
– Trimm des Achterlieks 126 f.
Gurtmaß 148 f.

Halbwindkurse 61, 79ff.
– unter Spinnaker 144
Hals, Zugkräfte am H. 49
Halsen
– Kontrolle mit Baumbremse 82
– mit Spinnaker 137, 142, 154
Halsstropp 154, 156
Handdicht 111 ff., 119
Heißhöhe 122 f.
Hitzebehandlung 33, 141
Hohlmast 78
Holeleine 155
Holepunkt 99, 102f., 106, 129f., 134, 150, 152
Horizontalschnitt 143
Hydrodynamische Gesamtkraft 11

Imprägnierung 37 f., 71
Induzierter Widerstand
– Theorie 23 f.
– an der Ablaufkante 61, 72

Kalandern 39
Kalibrierstreifen 122
Kanteneffekt 139
Kauschen 59, 76, 124
Keep 92
Kentern 156
Kette und Schuß 31 f., 90, 91, 143
Kettenlinien 50, 61
Kettgarne 30
— Verstärkung gegenüber den Schußgarnen 63
— im Spinnakertuch 144 ff.
Kettorientierte Tuche 61, 106
— bei Spinnaker-Nylon 145, 147
Kevlar 40, 63, 122
Kiel 109, 125
— 19. Jahrhundert 11
— K.-Flosse 11
— elliptische Form 72
Killen 81
Klassenvereinigungen 51, 53
Klebeband
— beim Zusammenfügen der Bahnen 54 f.
— als Markierung am Achterstag 117
— als Markierung an der Saling 120
— zum Fixieren der Spannschrauben 120
— als Sicherung gegen Schamfilen 120
Klüver 88
Konkave Kurve
— des Vorsegel-Achterlieks 50
Kontrolle
— des Großsegel-Achterlieks 62
— über die Wölbung im Vorsegel 91
— des Vorsegels 98 ff.
Konvexe Kurve
— am Großsegel-Achterliek 50
Krängung 76, 80, 82, 87, 114
Kräuselung des Garns 30, 32, 33, 90, 91
Kraftentfaltung
— an Vor-, Groß- und Besansegel 26
Kraftlinien 48 f., 61, 64, 72
— Karte der K. 49, 90
Kunststofftuche
— frühe Entwicklung 34 f.
— frühe Tuche 50

Laminare Strömung 19, 94
Laminat 57, 58, 63, 71, 98, 120, 122
— Kevlar/Dacron-Laminat 40 f.
— für Spinnaker 141
Laser-Schneider 55
Lateralwiderstand 125
Lateralschwerpunkt 120
Lattentasche 127
Laufendes Gut 121
Leegierigkeit 120
Leeruder 82
Leespinnaker 156
Leewant 113
Leitblöcke 76
Leitöse 103
Leitschiene 87, 101
Liekband 58, 96
— aus Kunststoff 36 f., 91
— beim Spinnaker 149
Liektau 92
Linienriß des Segels 52 f., 55
Lümmelbeschlag 76, 123

Luftdruck
— vs. Luftströmung (s. Bernoullisches Gesetz) 10
— niedriger 17
— Unterschied in Lee und Luv des Segels 21, 39
Luftfahrt
— aerodynamische Forschung 14 f., 46, 72, 96
Luftströmung
— vs. Luftdruck 10
— Beschleunigung und Abreißen 18
— turbulente und anliegende 19
— umkreisende 21 f.
— an der Düse 65 f., 134 f.
— auf Vorwindkurs 137
— am Spinnakerkopf 138 f.
Luftzirkulation
— um Vor- und Großsegel 25 f.
Luggersegel 12
Luvgierigkeit 61, 87, 120 f.
Luvliek des Spinnakers 150
Luvwant 115

Marchaj, C. A. 15
Marlspieker 120
Maßband 110, 119
Mastbiegung 71, 77, 82
— lateral 109 f., 114, 117
— in Längsschiffsrichtung 111 ff.
— bei schräggestellten Salingen 119 f.
Mastfall 110 ff., 120 f., 126
Mastfuß 112
Mastkeile 110 f., 113 f.
Mastloch 110 f., 119
Mastreffvorrichtungen 78 f.
Mastspur 109
Masttopp 109 f., 153, 156
Melamin-Imprägnierung 38, 141
Membran
— mobile M. 29
— M.-Gleichung 46
Mitchell, J. R. 72
Mittelnaht
— am Vorsegel 90
— am Spinnaker 143, 152
Mittelwanten 113, 118
Mylar 40

Nähte 55 ff.
— kontrastierende Farbe 57
Newtons Lehre 11, 21
North, Lowell 52
North-Sailscope 89
Nylon 140 f., 145

Oberwanten 109 f., 111, 113 f., 115, 118

Polyester-Tuche, Bezeichnungen 30
Porosität 39
Pricker 57, 149
Profilstag 92, 104
Pütting 119

Querkraft 76, 80, 87, 125

Radialkopf-Spinnaker 144 f., 153
Radialschnitt
— am Großsegel 64

— am Vorsegel 106
— am Spinnaker 144 ff.
Rahsegel 9, 26
Ratsey und Lapthorne 34
Raum-achterliche Kurse 83
Raume Kurse 80
— mit Spinnaker 139
Raum-seitliche Kurse 80, 87
— mit Spinnaker 144
Raum-vorliche Kurse 61, 82, 87
— mit Spinnaker 139
Reck
— Reduzierung 29, 56, 61, 65
— in Garn- und Diagonalrichtung 32, 34
— im Fall 122
— im Nylontuch 141
— im Spinnaker 144
Reckeigenschaften
— Veränderung im Herstellungsprozeß 51
— bei Draht und Stangen 117
Recken des Tuchs
— Gerät 51
— R.-Grafik 51
— R.-Test 52
Referenzpunkt 123
Reffen 76, 123
Reffleinen 77 f.
Reffprofil am Mast 78
Reffstander 76
Refftaljen 76 f.
Reibungswiderstand
— in der Grenzschicht 18, 74
— Theorie 23
Reiß-Stopp 141
Reißverschluß am Großsegelvorliek 71
Riggwiderstand 72
Rollen 156
Rollfock 78, 103 ff., 112
Rollmesser 148
Rollreff 76
Ruder 61, 120 f., 126
Rundung 53, 66
— am Unterliek 50
— am Vorliek 50
— am Achterliek 50, 72
— beim Zuschneiden 57
Rutscher 58, 61

Saling 112, 115, 130
— schräggestellte S. 118 ff.
— S.-Kappe 120
Schablonen der Segelbahnen 53
Schamfilen
— der Nähte 57
— Lederschutz am Schothorn 59
Scheinbarer Wind 46, 74
— Theorie 24
— Raumen 87, 89
— Beschleunigung 127
— vor dem Wind 137
— und Spinnakerbaum 152
Schiften 154
Schnürboden
— Aufriß 52
— Zuschnitt 55 f., 57
— Vorrecken 59
— Spinnaker 146, 148
Schockspannungen am Spinnaker 141